JN271136

誰でもわかるシリーズ

ズバリ介護福祉士

合格から仕事探しのポイントまで

今村朋子

労働教育センター

はじめに

人は誰しも、高齢になるとともに、少しずつ機能が衰え、やがてハンディキャップを負いながら、人生の最後を迎える。だとすれば、この高齢化社会の日本では、少なくとも身内に介護が必要な人がいるということは、もはや、特別のことではないはずだ。本格的な高齢化社会を迎え、「福祉」がこれほどまでに身近な時代はないと言える。

にもかかわらず、まだまだ「福祉」や「介護」は特別な世界、特別な人々だけの問題と思われているのが現状だ。その「普通」と思われている世界と、「特別」と思われている福祉の世界をつなぐことが、介護福祉士の役割のひとつではないだろうか。

これからの時代は、やむをえずハンディを負った人たちが、適切な介助・介護を得て、よりノーマルな生活を送ることができるようになるための取り組みを、社会全体でする必要があるが、介護福祉士はまさにその核となる職業だ。

本書は、介護福祉士とはどのような任務が求められるのか、どのような人に適しているのか、介護福祉士になるにはどのような方法があるのか、体験談を織り交ぜながら編集してある。

さらに、巻末に「国家試験に必ず役立つ福祉用語集」を掲載したので、活用してほしい。

これからの福祉の行方、日本の未来は、これから介護福祉士をめざす皆さんの志にかかっていると言っても過言ではない。そんな皆さんが介護福祉士の道を切り開く、一助になれば誠に幸いだ。

今村朋子

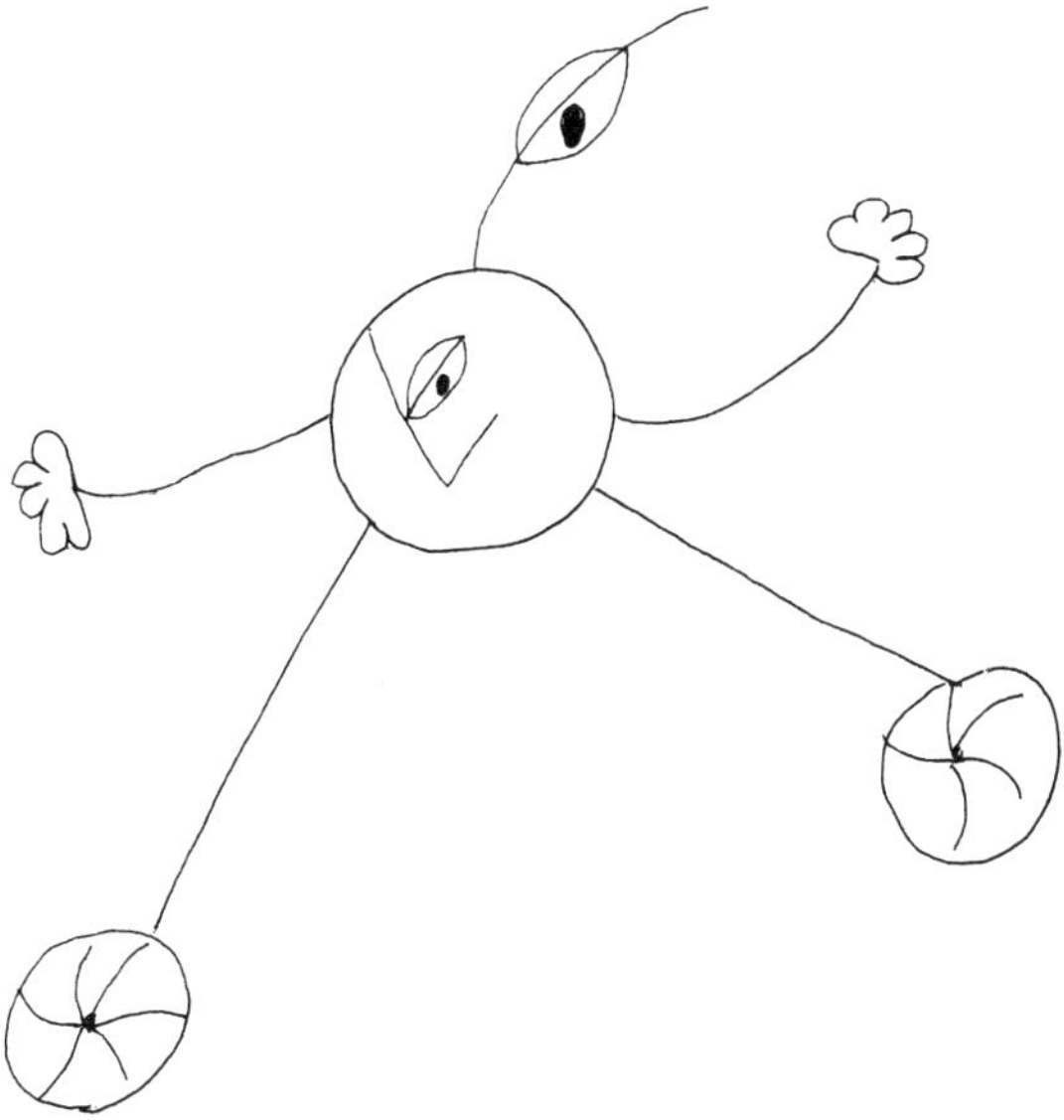

誰でもわかるシリーズ
ズバリ！ 介護福祉士 合格から仕事探しのポイントまで ● 目次

第2章 介護福祉士の職場を知る

第3章 介護福祉士になるための準備と資格取得 81

第4章 国家試験の科目内容と学習方法……111

第1章

介護福祉士って何？

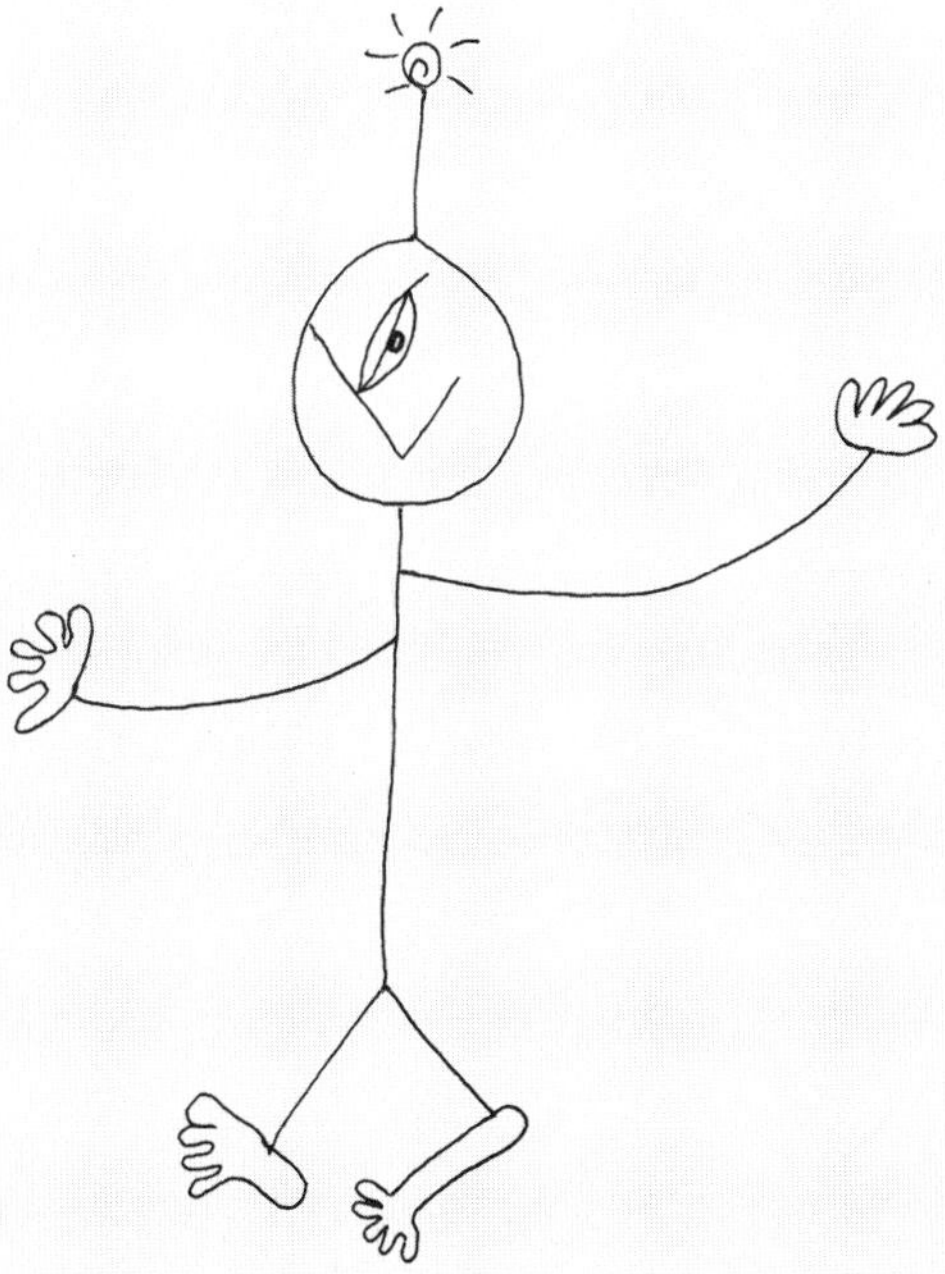

人ごとではない「介護問題」

高齢者の割合が7%を超す社会を「高齢化社会」と呼ぶが、日本ではすでにその割合が1970年に7%を超え、99年には、16・7%を占めた。厚生労働省の将来人口推移では、2015年には総人口の25%以上、すなわち4人に1人が高齢者という世界的にも稀にみる本格的な高齢化社会を迎える見込みだ。

高齢者人口の比率が高い社会とは、生活していくうえで「介護」や「生活支援」を必要とする人の割合が比較的高い社会とも言える。事実、2000年で約280万人と推計された「虚弱」「認知症」「寝たきり」など介護が必要な高齢者は、2025年には約2倍の520万人に達するとも予測されている。

超高齢化者社会のなかにおいては、だれもがいつかは何等かの「ハン

介護が必要な高齢者とは

「できればぽっくりと逝きたいものだ」とお年よりが話しているのをよく耳にする。しかし、人は死ぬ前に平均して最低半年は寝たきりの期間を過ごすことがわかっている。ぽっくりと死なない限りは、だれもがい

ディ」を負い、生活していくうえで「支援」を必要とすることが予想される。少なくとも、身内にだれか介護が必要な人がいるという状況が珍しくない社会であるといえるだろう。この日本においては、もはや「介護」の問題はだれにとっても決して人事ではないのだ。

　このように、介護問題が切実な問題として迫るのを見越して、1987年（昭和62年）に創設されたのが「社会福祉士および介護福祉士法」だ。この法律で定義された介護福祉士の仕事は、身体上または精神上の障害があることにより日常生活を営むのに支障がある人に対し、①入浴、排泄、食事その他の介護を行うこと、②その本人およびその家族などの介護者に介護指導を行うこと、の2つ。つまり、介護福祉士の資格とは、この2つの項目に対して、プロとして任務を遂行できると国から認められた人だけに与えられた資格といえる。

　それまで、介護業務を行う仕事に資格や法的な基準は全くなかったが、この法律によって初めて国家資格制度が成立した。これは、世界にも例がない画期的なことだった。

ずれは人から介護を受ける状態になるのは明らかだ。

　無論、「寝たきり」だけが介護が必要な状態ではない。政府は、要介護の高齢者を以下のように分類している。

虚弱高齢者―寝たきりではないが、何等かの障害をもつ高齢者、または特別の障害はないものの、意欲の低下などで生活支援が必要な高齢者

認知症高齢者―何等かの原因によって脳の器質に障害をもったため、いったん獲得した知能が低下し、生活に障害をきたしている状態の高齢者

寝たきり高齢者―日中のほとんどを寝たままで過ごし、食事、排泄、入浴など生活全般にわたって介護が必要な高齢者

「家族頼み」だった従来の介護

「介護福祉士」が誕生する以前、介護の必要な高齢者や障害のある人たちは通常どのようなかたちでケアされていたのだろうか。介護福祉士が誕生する社会背景をもう少し詳しくさぐってみよう。

従来、日本の社会で、介護を必要とする高齢者や障害者たちをケアしてきたのは、主にその家族だった。現在でも、その多くが家族による介護に頼っているのが実情だ。

「介護福祉士」が誕生する以前、家族以外で在宅の高齢者を介護する人として、「家庭奉仕員」がいた。しかし、「家庭奉仕員」とは、行政が一方的にサービスを提供する「措置制度」の下で自治体が人材を派遣していたもので、その人員も介護時間も制限のある画一的なものだった。

また、身寄りもなく、自宅で自立した生活ができない高齢者や障害者は、自治体によってほぼ強制的に施設に入所させられていた。

一方、経済的に余裕のある人たちは、「家政婦」を雇って家族による介護を軽減させていたのが実情だった。つまり、介護が必要とされる高齢者や障害児・者は、その家族が世話をするのが社会的に当然とされていたわけである。

「家族は福祉の含み資産」とも呼ばれ、とくに家族のなかの女性の介護負担はあたりまえとみなされてきた。介護の必要な高齢者は、その妻や娘、息子の嫁が、そして、障害児・者は主にその母親が世話するのが当然とされてきたのだ。

介護福祉士の誕生は、「介護の社会化」の第一歩

ところが、この家族による介護が立ち行かなくなってきた。「女性の社会進出」「少子化」「核家族化」などにより、家族のあり方が劇的に変化してきたからだ。高齢者と子どもの同居率は著しく低下し、高齢者の4割は、高齢夫婦のみか、高齢者単独で暮らしている。

また、子どもが介護をしている場合も、平均寿命が伸びて高齢化社会が進むなか、介護者自身も高齢化している（たとえば、70歳代の子どもが90歳代の親を介護している）。いわゆる「老老介護」のケースが増えている。

また、「介護の長期化」も一般的となり、ひとりの介護者が複数の老人を介護する「多重介護」のケースも見られるようになってきた。こう

した24時間、365日の介護に介護者自身も倒れ、家計が破綻するといった社会問題も起きてきた。

つまり、日本の社会では、介護を「家族頼み」にすることの限界が明らかになってきたのだ。

この「待ったなし」の現状に対して、国によって初めて立てられた具体策が「社会福祉士および介護福祉士法」だった。

介護福祉士の誕生は、「介護はもはや家族だけの責任ではない」という社会的な流れを背景にした「介護の社会化」の第一歩だったといえる。

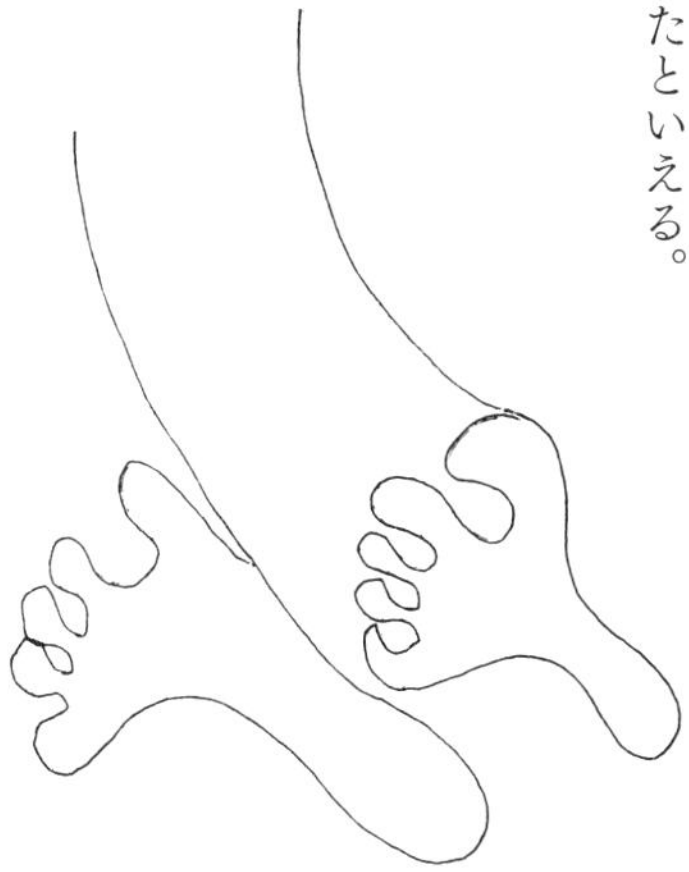

高まる介護福祉士への期待

「介護福祉士」の誕生以降、政府は1989年に「ゴールドプラン」を策定し、「高齢者保健福祉推進のための10ヵ年戦略」を打ち出した。これにより、高齢者への福祉サービス実施主体を国・都道府県から市区町村へと移行し、それに伴う人材養成確保を進めるために都道府県ごとに福祉人材センターを設置した。

そして、新ゴールドプラン（1994年）を経て、2000年4月には、社会全体で高齢者の介護をサポートしようという「介護保険制度」がついに誕生する。と同時に、超高齢化社会に向けての5ヵ年計画「ゴールドプラン21」が策定され、2006年には「改正介護保険法」がスタートした。

また、障害者への福祉サービスについても、2003年に、利用者で

介護保険制度とは

介護保険制度とは、年をとって介護が必要となったときに、65歳以上の1号被保険者であれば、わずかな利用料金負担で公的な介護を受けることができるという制度。

要介護状態になった人が、その能力に応じ、自立した日常生活を営むために必要な保健医療サービス・福祉サービスを保険で給付されるということだ。

ドイツの制度と日本にお

ある障害者自身がサービスを選択し、行政がその費用を負担する「支援費制度」が発足している。

このように国の施策として「介護の社会化」が進むなかで、社会福祉は、行政から一方的に与えられる画一的なサービスから、民間のサービス事業者が提供する柔軟なメニューをもつサービスへと変化しつつある。

このような流れに伴い、介護福祉士の活躍の場はますます広がる見込みであり、社会的な期待は高まる一方だ。その分、介護のプロとしての専門知識や技術、コミュニケーション能力の熟練が求められる。

介護福祉士は、介護の現場の前線に立ち、これからの「新しい福祉」をつくりあげていく使命を担っているといえるだろう。

ける障害者の自立運動がモデルになっていると言われ、高齢者の「自立」「社会参加」が基本的なコンセプトとなっている。

この制度により、高齢者への福祉が「措置」から「契約」へ、「恩恵」から「権利」へ、「施設収容中心」から「在宅支援」へと、大きな変化をとげたと言われている。

要介護認定の標準化が難しい、設定された利用料の上限が必要な介護を満たすには不十分である、ケアマネージャーなど制度を運営するのに必要な人材が十分に確保できないなど、制度上さまざまな欠陥があるが、この制度により高齢者に対する「介護の社会化」という流れは決定的となった。

業務独占と名称独占の違い

高齢化は急速にすすみ、介護の専門知識をもつ人材が不足しているといわれている。従って、一定レベル以上の介護知識と技術を修得していることの証明となる「介護福祉士」の資格をもっていることは、とても有利だといえる。

資格取得によって仕事の幅が広がり、職場での地位が高まるとともに、利用者やその家族からの信頼度も高まるはずだ。何より、仕事に対して自信をもち、仕事へのやりがいが高まることだろう。

実際、とくに福祉施設の求人などでは、介護福祉士の資格をもつ人を優先して採用したり、資格を有している人のみを募集するケースが増えてきている。

しかし、残念なことに、現時点で介護福祉士は、業務に就くために資

業務独占と名称独占

国家資格には、「業務独占」と「名称独占」という2種類の資格がある。

「業務独占」は、医師や看護師、弁護士などのように

格を義務づけられる「業務独占」ではなく、「名称独占」の資格だ。つまり、基本的に介護福祉士の資格をもっていなくても、同じ仕事に就くことは自由なのだ。したがって、介護福祉士資格をもたない人が、ケアワーカーや寮母として介護福祉士と同じ業務に携わっているケースは少なくない。

その資格をもっている人しかその業務に就くことができない資格をさす。仮に、資格をもたない者が行えば、違法行為になる。

一方、「名称独占」は、その資格をもっていなくてもその業務を行うことができる資格。ただし、同じ業務をしているからといって、その資格の名称を勝手に使用することはできない。資格名称の詐称として違法行為となる。

介護福祉士は「名称独占」の資格である。つまり、介護福祉士の資格がなくても、介護福祉士と同じ業務に就くことはできる。しかし、だからといって勝手に「自分は介護福祉士だ」と名乗ることはできないということだ。

介護福祉士とホームヘルパーの違い

介護福祉士とホームヘルパーの仕事内容は似ているため、違いがわかりにくく、混同しがちだ。しかし、介護福祉士の資格は「国家資格」であり、ホームヘルパー1～3級の資格は「公的認定資格」だ。

介護福祉士は、養成校で専門課程を修めるか、国家試験合格が求められる。一方、ホームヘルパー1～3級の資格は、厚生労働省の定めた養成研修課程を修了することで得ることができる。

介護福祉士とホームヘルパーの質の違いは、以下のように、介護福祉士養成施設とホームヘルパー養成研修の学習総数時間を比べるだけでも明らかだ。

■介護福祉士養成施設

2年課程の場合―1650時間

■ホームヘルパー養成研修

1級—230時間

2級—130時間

3級—50時間

介護保険の見直しにあたって、「介護サービス事業所の運営基準に介護福祉士の配置を明記すること」、「介護福祉士とホームヘルパー1級、2級の違いを明確にすること」などが提言されている。

また、現在ヘルパーの資格で業務に就いている人も、介護福祉士の資格をもつべきことが検討されている。つまり、介護福祉士の資格がなければ、介護の仕事に就くことができなくなるのだ。

介護福祉士資格者の登録状況は、2006年2月末現在で、46万804人となっている。このような流れのなかで、将来的には、介護福祉士は介護職の要として、事実上の「業務独占」の資格へと近づいていく可能性は高いといえる。

理想の介護をするためのコミュニケーション能力

理想の介護は、福祉サービス利用者の身体的な面に働きかけるだけでなく、利用者を精神的・社会的な存在として認め、生活や生き方を含めて障害に対する援助を行うことだ。

そのために介護福祉士がまず念頭におかなければならないのは、利用者の①尊厳の保持、②自立支援、③残存機能の活用、④ノーマライゼーションの実現、⑤生活の質（ＱＯＬ）の向上、などの理念である。そして、それを実行する能力が求められる。

介護福祉士は、利用者との間に信頼関係を築き、適切なコミュニケーションをとらなければならない。そのために、利用者の生活暦や疾病を把握したうえで、利用者をよく観察し、心理状態を理解するようにする。

変わる「自立」の概念

通常、「自立」とは生活・経済面でだれにも依存しないで、自分ひとりの力で生きていくことをさす。しかし、福祉においてはその概念は根本的に異なりつつある。

できない部分は他人の介助を受けながらも、自分の生き方・暮らし方を「自己選択」・「自己決定」することが、「自立して生きること」の核となってきている。

同時に、利用者の話を傾聴して共感し、彼らの意思を尊重する受容的態度が必要となる。利用者の欲求をよく理解したうえで援助の内容を決め、それをわかりやすくゆっくりと繰り返して伝え、同意を得てから提供する。

利用者とのコミュニケーションは、生活の質（QOL）を維持し高めるために最も重要だ。言語的コミュニケーションと非言語コミュニケーションを適切にくみあわせてとりくむことが、介護の質の向上に有効な方法といえる。

たとえば、寝たきりになった1人暮らしの高齢者が、施設ではなく、地域で暮らす生活を選び、それを貫くために、たとえ、24時間にわたる介助を受けたとしても、けっして「自立」していないとはいえないのだ。

もちろん、失われた身体能力を回復し、少しでも生活的自立を促すことは重要であるが、「自立」の根底にあるのは、他の人々から助けを借りながらも「自己選択」と「自己決定」に基づいて、自分らしい人生を貫くことである。このことを、これから介護福祉士になろうとしている人は、忘れてはならない。

こうした福祉における「自立」の概念に、社会全体が学ぶことも多いはずだ。

介護福祉士に必要な資質とは

介護福祉士に限らず、福祉の仕事をする人に必要な要素として、「4つのH」という言葉が挙げられる。

①Ｈｅａｄ（冷静に判断できる頭脳や知識）
②Ｈａｎｄ（適切な援助が行える専門的技術）
③Ｈｅａｒｔ（介護を必要としている立場の人を理解できるあたたかい心）
④Ｈｅａｌｔｈ（人を援助し続けることができるだけの健康と体力）

以上の4つのHを踏まえて、介護福祉士に求められる具体的な適性を以下に挙げてみた。参考にしてほしい。

・感性豊かな人間性と、幅広い教養。
・人の気持ちを深く理解できる感性・気持ち。

・利用者の価値観や生活習慣、文化的・歴史的背景を読みとる力。
・利用者の心身の変化を冷静に観察できる能力。
・自立支援の観点から、利用者の援助計画・援助実行をする能力と専門知識。
・他の医療介護従事者のスタッフと連携し、介護を行えるコーディネーション能力。

自身が「介護福祉士に向いているだろうか」と迷う場合は、実際に介護福祉士の仕事ぶりを見学したり、ボランティアなどの実地体験をとおして判断することをおすすめする。

介護福祉士の仕事内容

介護の仕事には、「全人的介護」という観点が強く求めらるようになってきた。その場合の介護とは、「日常生活上で介護の必要な人が、自立した生活を営み、その人なりの自己実現が図れるよう、尊厳をもって身体的、社会的、文化的な生活援助を包括的に実施すること」だ。そのためには、高い専門性と資質を備えた介護福祉士が必要とされる。

では、介護福祉士の仕事は具体的にどのような内容なのか。介護保険の「訪問介護サービス」のケースに焦点をあて、以下に紹介しよう。

①　**身体介護**…利用者に対する食事の介助、排泄の介助、衣類着脱の世話、入浴介助などを直接援助。さらに、食事や排泄、睡眠時における健康観察や脈拍・体温の記録などの健康管理を行う。

②　**生活援助**…利用者の食事づくり、食材料や日用品の買い物、衣類の

「よりそう介護」とは？

措置制度から介護保険制度へ移行し、介護の中身は、「管理する介護」から「よりそう介護」へと大転換を遂げた。「よりそう介護」においては「利用者の意思と要望」が最優先される。

だが、自分の意思をはっきり伝えられない利用者の場合は、介護者が利用者のしぐさや眼の動きから、その要望を的確に読みとらな

洗濯、部屋の掃除、整理などを行う。

③ 相談、助言、指導…利用者や家族介護者に対して、生活、身の上、介護方法に関する相談にのり、助言や指導を行う。

④ 健康管理…全身状態、排泄・睡眠・食事時の観察、体温・脈拍・呼吸などのチェック、体重測定などがある。そのほか、通院の付き添い、医療機関との連絡、救急時の対応、終末期ケア、死後の処置、などもケースに応じて行う。生命に関する内容のため、医療機関との連携も必要。

⑤ 会活動援助…本人が社会活動ができるように援助すること。家族、友人、近隣の人たち、施設職員などとの対人関係の調整、促進。社会への橋渡し。デイサービスへの動機づけや、車いすでの散歩、社会活動への援助なども含まれる。

⑥ 介護計画、記録、連絡、調整…利用者のニーズを把握し、状況にあわせた介護計画の立案。情報の収集、介護関係者間の話しあい、ほかの職種の人たちとの連絡・調整・実践の評価。介護記録の作成。

ければならない。

たとえば、優秀なホテルマンやバーテンダーなど「サービスの達人」と呼ばれる人たちは、お客に声をかけられる前にその要望を察知してすばやくそれに応える行動するというが、介護福祉士もそうしたプロ並のサービス能力が求められるといえる。

さらに、利用者の要望に100％応えるだけではなく、利用者がどこまで行動できるか予測しながら、残存能力を引き上げる努力をさせ、しかも利用者の身の安全は確保しなければならない。

介護福祉士にはプロ並のサービス能力と同時に、介護の専門化としての判断力が求められる。

コラム

新介護保険制度を切る①

うまく機能するのか!?　小規模多機能型居宅介護

介護保険の改正に伴い、「小規模多機能型居宅介護」という、ちょっと舌を噛みそうな新サービスが始まっている。

以前から国がアピールしていたもので、「高齢者がなじみのない大きな施設を転々とさせられて、認知症を発病したり、症状がひどくなったりしている。高齢者は、住み慣れた地域の小さな施設で通所も訪問も、泊まりも顔なじみの介護者からサービスを受けられるように市町村主体の地域密着型サービスが理想」という主旨だ。

要は、「通い」を中心に「訪問」「泊まり」をくみあわせて提供するサービスである。1事業所あたりの登録定員は25人以下で、常勤の管理者1名とケアマネージャー1名、利用者数などに応じた介護、看護職員の配置が必要となる。

懸念されているのが、その「報酬」である。

報酬は利用者の介護度による定額、いわゆる「丸め」といわれるものだ。つまり、どれだけサービスをくみあわせても、何回サービスを使用しても1カ月の利用料金は変わらない。「要支援1」の月額4469円から「介護度5」の月額2万8120円まで、7段階に設定されている。登録する利用者は25人までとされているから、介護度が高い人がより多く登録すれば、事業所の収入は上がるしくみだが、その分、ケアは大変になる。

そもそも、その介護報酬が低すぎる。自治体は、毎年の「介護福祉計画」のなかにこのサービスを何ヵ所設置するかという指定計画を織り込むが、はたしてこのサービスを提供する事業所が率先して現れるのか、懸念されている。

民間業者の間では、「あのような介護報酬では採算が取れないから、とても手がつけられない」との声がきかれる。どんな理想的なサービスでも採算がとれないものは、今では行政も手をつけない。ましてや、民間は当然である。

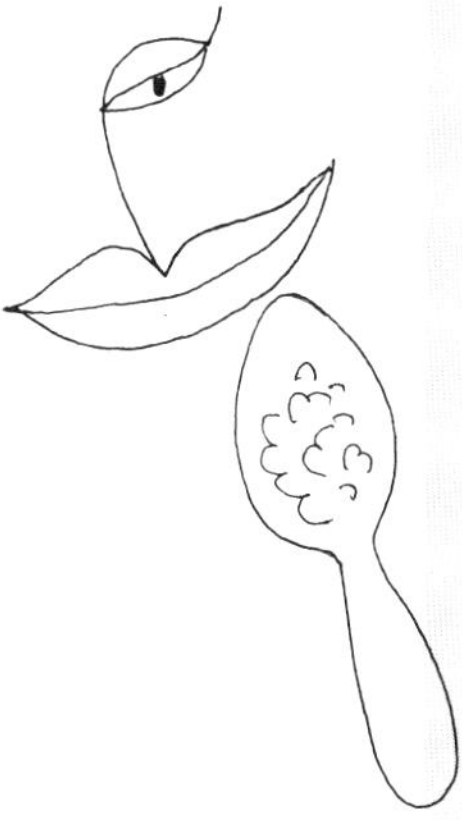

第2章

介護福祉士の職場を知る

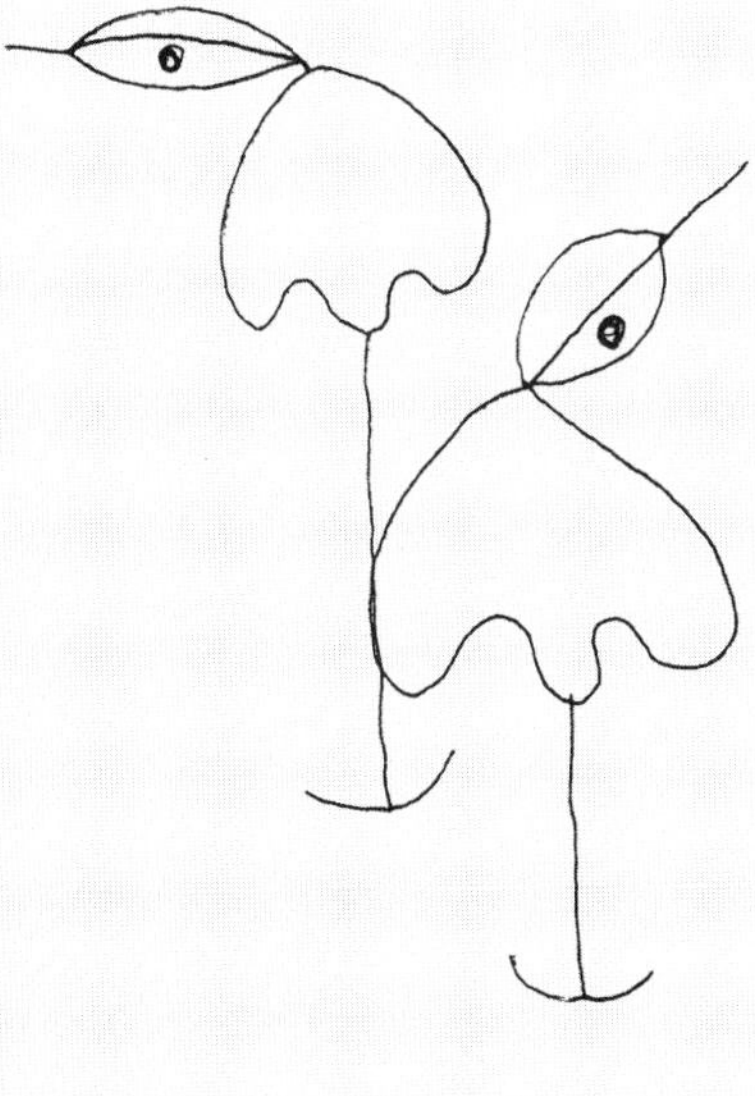

資格を生かせる職場

介護福祉士の資格を生かせる職場は、利用者の種類で区別すると、大きく3つに分かれる。

① **高齢者施設**（介護保険法関連施設、老人福祉法関連施設）
② **障害者施設**（身体障害者福祉法関連施設、知的障害者福祉法関連施設）
③ **その他の社会福祉施設**（精神保健福祉法関連施設、児童福祉法関連施設、生活保護法関連施設、行政関連施設など）

一方、利用者へのサービス形態で区別すると、次の4つに大別できる。

① **訪問系**（利用者宅へ訪問するサービス）
② **通所系**（利用者の方が施設に通う、いわゆるデイサービス）
③ **短期入所系**（短い期間利用者が入所できるサービス、いわゆるショ

介護保険法関連施設とは

介護保険の対象者は、原則として65歳以上の高齢者で、被保険者が要介護や要支援の認定を受けた場合に、介護支援専門員（ケアマネージャー）が作成したケアプランに基づいて、サービスを受けることができる。

サービスは、居宅と施設の2種類に分かれる。

居宅も施設もサービスの利用システムは同じだが、施設の場合は、要介護状態が「要支援」の人は利用できない。

ートステイ）

④ 入所系（利用者が施設で暮らすことができるサービス）

しかしながら、最近では、サービスの内容も多様化し、ひとつの施設が全てのサービスを備えている例が多く見られる。とくに介護保険の改正では、「小規模多機能型施設」が奨励されているため、今後はその傾向が強くなると予想される。

高齢者施設

特別養護老人ホーム

特別養護老人ホームとは、在宅での生活が困難な寝たきりの高齢者など、要介護者に対して、起床・就寝時の衣服の着替えから、入浴・食事・排泄介助まで、身の回りの介護を中心としたサービスを提供している施設だ。

こういった日常生活全般の援助により、心身の状態を改善し、再び自宅で生活できるように支援する目的もある。

仕事内容をチェック

衣服の着替えから、入浴、食事、排泄介助まで、入所者の身辺介護が中心。24時間の勤務体制がとられているため、月に数回の夜勤をこなすのが一般的。

生活相談員（社会福祉士）、ケアマネージャー、理学療法士、作業療法士、栄養士、看護師、医師、保健師、事務職員など。

仕事仲間をチェック

養護老人ホーム

養護老人ホームは、特別養護老人ホームとは異なり、常に介護が必要な人が入所してくるわけではない。経済的・個人的な理由で、自宅での生活が困難な65歳以上の高齢者を対象にしている。

介護福祉士の仕事は、生活指導や機能回復、減退予防のための訓練、レクリエーション行事の運営など、日常生活に必要なケアが中心だ。

また、今回の介護改正により、利用者が自立した日常生活を営み、社会的活動に参加するために必要な指導および訓練、その他の援助を行うことが目的に加えられた。

仕事内容をチェック

利用者の機能回復、減退予防のための訓練や生活指導、余暇活動の企画・運営など。

仕事仲間をチェック

生活相談員（社会福祉士）、栄養士、看護師、医師、栄養士、調理員、事務職員など。

軽費老人ホーム

軽費老人ホームとは、60歳以上で、家庭環境・住宅事情などの理由から、在宅で生活することが困難な人が入所できる施設だ。

比較的低額な料金で、食事・入浴・その他の日常生活上必要なサービスを提供するとともに、利用者が趣味・教養娯楽・交流行事などに参加して、生活の質を高めるよう援助する。

介護保険制度改正のポイント

2006年4月から実施されている改正介護保険制度のポイントを確認しよう！

① 介護予防サービス

軽度の高齢者を対象に、通所サービス・訪問介護を通じて、生活機能の維持・向上を図る。

利用者は、1割の利用料を支払い、筋力トレーニングや栄養改善指導などを受けることができる。

従来は、「介護の必要がない」という自立の判定を除くと、要支援の要介護度は軽費老人ホームでは、入所者のプライバシーを守って、極力自立した生活を送ってもらうため、施設の多くが個室で、住居としての性格が強くなっている。

ここでの介護福祉士の仕事は、利用者の生きがい対策やレクリエーション、生活相談が中心となる。

軽費老人ホームには、次の3つのタイプがある。

① A型（給食型）

身寄りがない人、家族との同居が困難な人が入所対象者。主に、介護や給食サービスなどを提供している。

② B型（自炊型）

居宅において生活することが困難で、自炊ができる程度の健康状態の人が入所する施設。

③ ケアハウス（介護利用型）

平成元年に創設された、個人の自立性を尊重した新しい形の高齢者施設。自炊ができない程度の身体機能の低下があり、高齢なため、ひ

1～6の6段階に分かれたが、改正後は、軽度の人は、「要支援1、2」となって、「新予防給付」という新しい枠に入ることになった。

② **地域密着サービス**

認知症高齢者や1人暮らしの高齢者が、住みなれた地域で暮らせるよう、「地域密着型サービス」がスタートした。

「小規模多機能型居宅介護」、「夜間対応型訪問介護」、「認知症高齢者グループホーム」をとおして地域密着型サービスが、市町村主体で展開される。

③ **介護保険施設**

2005年10月から、施設の居住費と食費が介護保険対象外となり、利用者による自己負担が求められるようになった。

とりでは生活に不安があり、家族の援助が受けられない人。

仕事内容をチェック

利用者がよりよい生活を送るためのアドバイス、リクレーションの提供、他機関との調整、連絡業務が中心。

仕事仲間をチェック

生活相談員（社会福祉士）、看護師、医師、調理師、栄養士、事務職員など。

デイサービスセンター

デイサービスセンターとは、在宅で生活している、比較的軽い症状（要介護や要支援の認定を受けた）の、65歳以上の高齢者に通ってもらい、在宅介護を支援する施設。

基本のサービスは、①生活指導、②日常動作訓練、③養護、④家族介護者教室、⑤健康チェック、⑥送迎サービスの提供だ。

また、通所事業として「給食サービス」「入浴サービス」を、訪問事業として「給食サービス」「入浴サービス」「洗濯サービス」も行っている。

高齢者が在宅で孤立しないよう、体力の維持・向上を図って、生活全体の質を向上させると同時に、同居している家族の負担を減らすことを目的としている。

デイサービスセンターのほとんどは、特別養護老人ホームなどに併設されている。

仕事内容をチェック

利用者の入浴や食事、排泄介助まで、利用者の介護全般を行う。

仕事仲間をチェック

生活相談員（社会福祉士）、ケアマネージャー、理学療法士、作業療法士、栄養士、看護師、医師、保健師、事務職員、運転手など。

職場経験①

特別養護老人ホーム

「とにかく体力と精神力で勝負！」

江川　満喜子さん

1984年生まれ。高校卒業後、福祉系の専門学校に入学。卒業と同時に資格を取得。

20歳で介護福祉士の資格をとってから、すぐ特養（特別養護老人ホーム）で働きました。特養で働くうえで必要なことは、とにかく「体力」、次に「精神力」ですね。

1人で何人ものご老人を受けもつわけですから、分刻みのスケジュールです。おむつ交換、体位交換、入浴介助、食事介助などフル回転で介助しながら、それぞれの方の日々の変化を観察し、それに見合った対応を柔軟にしていかなければなりません。

また、状況によっては医療行為が必要な場合もありますから、瞬時の判断能力も必要です。とにかく、人の命に関わることですから、責任重大ですね。責任感はもちろん、適切な処理・判断をするには、動揺しないようにする「平常心」が肝心です。

利用者さんとの関わり方では「信頼関係」がいちばん大切。やはり、こちらはプロですから、いつも笑顔で接するように心がけ、利用者さんに気を使わせないようしています。

特養は介護福祉士が働く職場のなかでも最もハードだと思いますが、その分、プロ意識が培われ、その後、どの職場に行っても自信をもって働くことができます。

私も今は、訪問介護の仕事に変わりましたが、特養での経験のおかげで余裕をもって仕事ができていると思います。

在宅介護支援センター

在宅介護支援センターとは、在宅で65歳以上の、虚弱、寝たきり、認知症などの高齢者と、そのお世話をしている家族が利用できる、身近な総合相談窓口だ。

利用者が、在宅介護の悩みや疑問を、専門家に無料で相談できる。たとえば、「特別養護老人ホームの入所申し込み」や、「介護保険の要介護認定申請受付」から、「区の福祉サービスの利用手続きの代行」、「福祉用具の展示・紹介」まで、介護に関することの相談・サービスが受けられる。

センターで扱う相談や業務は実にさまざまなので、スタッフは専門知識だけでなく、各関係機関・団体と調整を図り、利用者が必要とする援助を十分に受けられるようにする「調整・応用能力」が必要だ。

仕事内容をチェック

福祉職のスタッフ（介護福祉士、ケアマネージャーなど）と保健医療職のスタッフ（看護師、保健師など）がペアをくんで、在宅福祉の総合的なアドバイスを24時間体制で行う。

仕事仲間をチェック

生活相談員（社会福祉士）、ケアマネージャー、看護師、保健師など。

介護老人保健施設

介護老人保健施設では、寝たきりにある高齢者、またはそれに近い状態にある高齢者を対象に、医療ケアと生活サービスをあわせて提供している。つまり、看護や介護が必要な高齢者に対して、病院と家庭との中間的役割を果たす施設だ。

その目的は、利用者の家庭生活復帰をめざすということだ。老人保健施設で実施するサービスは、「入所サービス」と「在宅サービス」の2つに分けられる。

介護福祉士の仕事は、高齢者の日常のお世話が中心だが、その他に、他の医療スタッフと上手に連携をとりながら、高齢者のリハビリテーションやADL（日常生活動作）訓練などのサポートをする必要もある。

仕事内容をチェック

衣服の着替えから、入浴・食事・排泄介助まで、入所者の身辺介護が中心。他の医療スタッフとの連携が重要。

仕事仲間をチェック

生活相談員（社会福祉士）、ケアマネージャー、理学療法士、作業療法士、薬剤師、栄養士、看護師、医師、保健師、事務職員など。

有料老人ホーム

有料老人ホームとは、高齢者を入居させ、食事の介護、食事の提供、入浴、排せつ、その他の日常生活上必要なサービスの供与をすることが目的の施設だ。利用者が費用を負担するので、「老人福祉施設」ではなく、「シルバーサービス産業」になる。

また、介護保険法の改正に伴い、老人福祉法第29条の有料老人ホームの定義が見直され、10人以上といった人数の制限が削除された。

仕事内容をチェック

入所者の身辺介護の他、入居者の健康や個人的事情に応じた相談、医療機関との連携、通院介助、家族との連携、リクレーション活動の運営など、多岐にわたる。

仕事仲間をチェック

生活相談員（社会福祉士）、ケアマネージャー、理学療法士、作業療法士、栄養士、看護師、医師、保健師、事務職員など。

高齢者生活福祉センター

高齢者生活福祉センターが対象とするのは、過疎地、山村、離島に居住する65歳以上の高齢者で、自立して生活することに不安のある1人暮らしの方や、夫婦。

給食・入浴などのデイサービス、一定期間住居を提供する居住サービス、高齢者と地域住民が交流をはかるような各種催しを開催する総合施設だ。

仕事内容をチェック

居住サービスを利用している高齢者への助言・相談・緊急時の対応、福祉サービスを利用する際の手続き援助など。

仕事仲間をチェック

生活相談員（社会福祉士）、ケアマネージャー、看護師、など。

老人福祉センター

老人福祉センターは、60歳以上の高齢者が無料、低額で利用できる施設。彼らの生活上の各種相談に応じたり、健康増進、教養向上、機能回復訓練、レクリエーションなどをする場を提供する。

規模やサービスの違いにより、①標準タイプのA型、②保健関係機能を強化した特A型、③A型の機能を補完するB型などがある。

仕事内容をチェック

利用者の生活上の相談のほか、レクレーション、教養講座などを運営、実施。

仕事仲間をチェック

理学療法士、作業療法士、看護師、保健師、施設長、事務職員など。

訪問介護事業所

訪問介護事業所は、要介護者・要支援者の自宅を訪問し、訪問介護計画に基づいて、身体介護（入浴、排泄、清拭や食事など）や生活援助（洗濯、調理、清掃、買い物、通院介助など生活全般）のサービスを行う。

このような仕事をホームヘルパーといい、その目的は、こうしたサービスを実施することにより、彼らが自宅で自立した生活ができるようにすることだ。

介護福祉士は、もちろん実際にヘルプに出向くが、「サービス提供責任者」として、ヘルパーを各利用者に手配し、ヘルパーと利用者の間をコーディネイトする仕事も担うことが多いようだ。

仕事内容をチェック

衣服の着替えから、入浴、食事、排泄介助まで、利用者の身辺介護の他、洗濯、調理、清掃などの家事援助が中心。

仕事仲間をチェック

生活相談員（社会福祉士）、ケアマネージャー、ヘルパーなど。

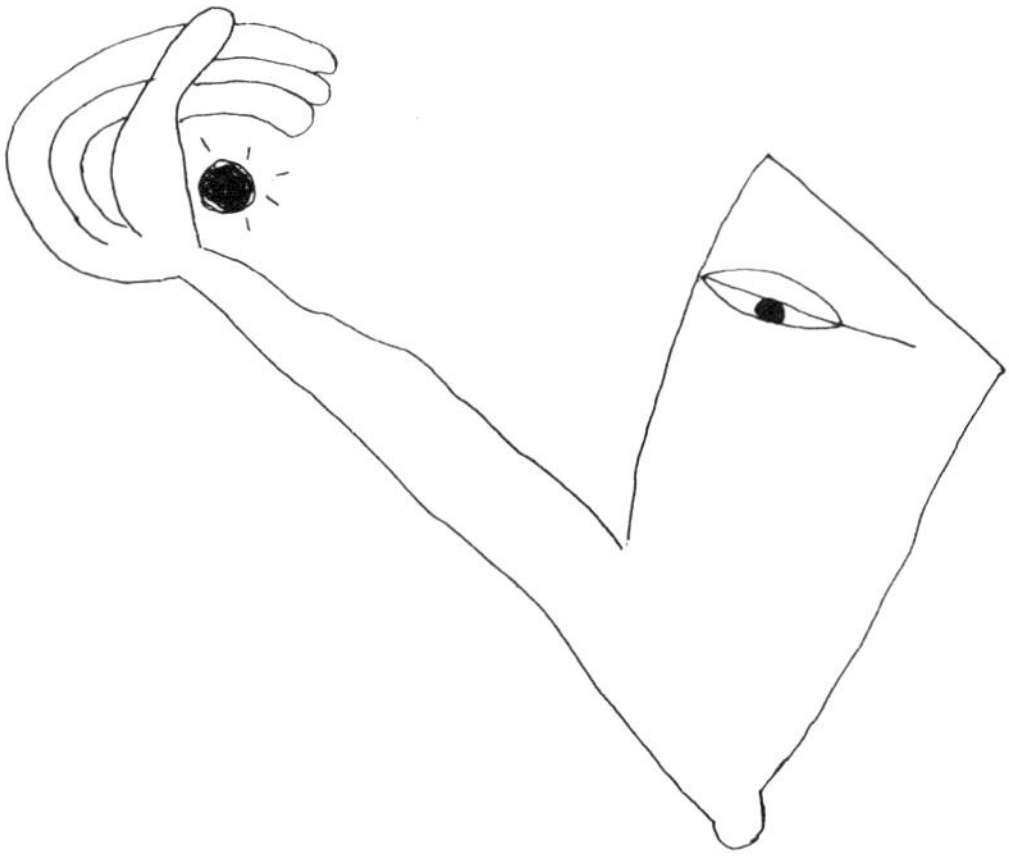

職場経験②　居宅介護

いつかケアマネになって独立をめざす！

大亀光一さん
1979年生まれ。高校卒業後、福祉系の専門学校に入学。卒業と同時に資格を取得。

専門学校を卒業してからすぐに特別養護老人ホームへ勤務しました。そこでは、時間に常に追われ、まるで流れ作業のようにお年寄りをお世話することに、違和感を禁じえませんでした。介護福祉士として、とても勉強にはなりましたが、自分には向いていないと判断しました。現在は、訪問サービスの仕事に就いて、まるで「水を得た魚」のように働いています。

利用者さんのお宅に伺い、その方にあった介護ができるのが何より嬉しいのです。その日によって、利用者さんの反応も違っていますので、どうすればもっと喜んでいただけるか、快適に過ごしていただけるかと、研鑽の日々です。それがまた新鮮で、やり甲斐につながっています。

ただ、居宅サービスの世界は、施設以上に女性の世界。

とくに、女性の利用者さんのなかには、「男性の介助者がうかがう」と聞いただけで構えてしまう方も少なくありません。そのため、やはり、自然に男性の利用者さんを担当することが多くなります。また、スタッフも女性が中心。男性介護者の場合、女性特有の職場にどうなじむかが課題ですね。

「いつか、ケアマネになって自分の手で居宅介護の事業所を立ち上げたい」、それが僕の夢です。

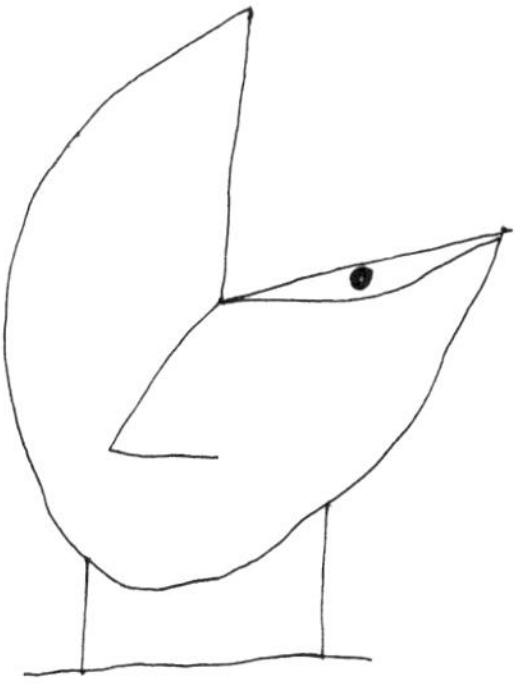

障害者施設

身体障害者更生施設

更生施設は、障害の内容・程度、施設で行える援助内容の違いにより、次の5つに分かれる。

① 肢体不自由者更生施設
② 重度身体障害者更正援護施設
③ 視覚障害者更生施設
④ 聴覚、言語障害者更生施設
⑤ 内部障害者更生施設

対象者は、身体障害者手帳をもつ、原則18歳以上の人。

更生施設では、身体障害者が社会的に自立した生活ができるよう、次

福祉サービスの変遷

高齢者に対する介護保険同様、障害者への福祉サービスも改正の動きが激しい。以下、簡単にその流れを確認しよう。

① **措置制度**（2003年4月まで）
障害者本人や家族の意向はあまり重視されず、行政からの一方的で限られたサービスを利用する他なかった。

↓

② **支援費制度**（2003年4月スタート）
障害者自らが利用するサービスを選択し、事業者との契約によりサービス提供を受け、自治体から支援費の支給を受けるというシステムに移行。

のような訓練・指導を行っている。
① 医学的リハビリテーション
② 心理的リハビリテーション
③ 身辺自立に関する訓練
④ 職業的自立に関する訓練

仕事内容をチェック

他のスタッフと連携をとり、利用者がより自立した生活ができることを念頭におきながら、入所者の日常生活における身辺介助を行う。

仕事仲間をチェック

生活相談員（社会福祉士）、理学療法士、作業療法士、職業指導員、職能判定員、心理判定員、作業指導員、栄養士、調理師、医師、看護師、保健師、事務職員など。

←

③ **障害者自立支援法**（2006年4月スタート）

障害者が福祉サービスの利用者としてだけでなく、労働者、納税者として一般の社会であたりまえに働けるよう、支援体制を強化。

今後、障害者が、必要とするサービスを利用しながら地域生活を継続するために、次のことを決定した。

① 福祉サービスを利用した場合、利用者は原則として費用の1割を負担する。

② 通所施設を利用した場合は食費を、入所施設を利用している場合は、食費、高熱費用および個室利用料の実費を負担する。

③ 身体障害者、知的障害

身体障害者授産施設

授産施設は、仕事を提供しながら、将来的には、就職をして自立した生活ができるよう、障害のある利用者に職業訓練を行っている。

障害の程度や利用の仕方によって、次の4つに分かれる。

① 身体障害者授産施設
② 重度身体障害者授産施設
③ 身体障害者通所授産施設
④ 身体障害者福祉工場

こういった施設では、入所者の就労意欲を高めるために、関心や能力に応じて、木工、手芸、部品加工、組み立て、コンピュータープログラミング、印刷、クリーニングなどの作業指導が行われている。

利用の対象者は、身体障害者手帳をもつ、原則18歳以上の人だ。

者、精神障害者で別々に行われている福祉サービスの相互利用を可能にし、一元化する。

このため、今後、障害者施設は、「就労支援型」「継続雇用型」「小規模授産所型」に移行すると言われている。

介護福祉士はこの流れを踏まえ、障害者が自らの意思で自己決定・自己実現をし、可能な限り、地域で生活・就労していけるよう、支援していく姿勢が求められる。

仕事内容をチェック

他のスタッフと連携をとりながら、主に、入所施設で生活している障害者や、重い障害をもつ人の日常生活における身辺介助などを行い、利用者を支える。

仕事仲間をチェック

生活相談員（社会福祉士）、理学療法士、作業療法士、職業指導員、職能判定員、心理判定員、作業指導員、栄養士、調理師、医師、看護師、保健師、事務職員など。

身体障害者療護施設

身体障害者療護施設は、18歳以上の身体障害者で、日常生活で常に介護を必要とする人を対象に、家庭では生活が困難な人が長期に入所する施設だ。

入所者がなるべく自立をして、社会活動へ参加できるよう、障害の種類に応じて、次のような訓練・指導を行っている。

① 医学的リハビリテーション

手足の麻痺の回復療法や言語療法、補助具を使った訓練などを行い、身体機能の維持、減退の防止をする。

② 身辺自立に関する訓練

食事や排泄などのサポート、介護、生活指導など、日常生活を維持するための訓練を行っている。

なお、家庭での介護が、家族の病気・事故などで困難になった場合、障害者を一時的に入所させるショートステイ・サービスを行っている施設もある。

仕事内容をチェック

他のスタッフと連携をとりながら、重度身体障害者に対する介護、入所者の生活サポートを行う。

仕事仲間をチェック

生活相談員（社会福祉士）、理学療法士、作業療法士、栄養士、調理師、医師、看護師、保健師、事務職員など。

身体障害者福祉センター

身体障害者福祉センターは、身体障害者の健康増進、社会参加の促進をはかるため、機能訓練、軽作業、レクリエーションなどを行う。また、利用者のさまざまな相談に応じる。無料または低額な料金で利用できる通所施設だ。

身体障害者福祉センターには、次の4種類がある。

①　身体障害者福祉センターA型（保健・健康のため、教養、スポーツなどを提供）

②　身体障害者福祉センターB型（レクリエーション、作業活動、創作活動などを行う）

③　在宅障害者デイサービス施設（創作活動や作業活動を中心に提供）

④　障害者更生センター（景勝地や温泉地などにあり、宿泊して保養できる施設）

仕事内容をチェック

他のスタッフと連携をとりながら、主に、「身体障害者福祉センターB型」「在宅障害者デイサービス施設」で、利用者の作業・創作活動を支援する。

仕事仲間をチェック

生活指導員、職業指導員、理学療法士、作業療法士など。

知的障害者更生施設

知的障害者更生施設は、知的障害者の社会生活への適応性を高めるために、利用者に必要な作業指導や生活支援を行い、保護するための施設だ。

対象者は、18歳以上（必要により15歳以上）の知的障害者の方。

自宅で過ごすことが困難な重度障害の人は入所施設を利用し、通える人は通所型施設を利用しているのが現状だ。教養娯楽設備を備え、適時レクリエーションも行っている。

仕事内容をチェック

他のスタッフと連携をとりながら、主に、生活指導員として、利用者の日常生活における身辺介助などを行って利用者を支える。リクリエーションの立案、実施、家族との調整なども行う。

仕事仲間をチェック

生活指導員、作業指導員、職能判定員、栄養士、調理師、事務職員など。

知的障害者授産施設

知的障害者授産施設には、入所型、通所型の2つのタイプがある。対象者は18歳以上（必要により15歳以上）の知的障害者。

利用者が自立できるまで訓練したり、一般企業で働くことが困難な方の場合は、就労と生活の場として機能している。

授産種目は、農耕、畜産、園芸、日用品雑貨加工、食品加工、印刷業など多岐にわたっている。

労働のモティベーションを高めるため、生活するには不十分だが、利用者には「工賃」が支払われている。

介護福祉士は、社会的自立を目標に、生活指導やケアをしている。

仕事内容をチェック

他のスタッフと連携をとりながら、主に、生活指導員として、自立を目的とした生活支援・指導を行う。授産先や家との連絡・調整、リクリエーションの立案・実施も行う。

仕事仲間をチェック

生活指導員、作業指導員、保健師、看護師、栄養士、調理師、医師、看護師、保健師、事務職員など。

知的障害者通勤寮

一般企業などに就労している知的障害者が一定期間入所し、そこから職場に通勤しながら生活をする施設だ。

入所期間は原則2年間以内で、15歳以上の方が対象。

利用者はこの施設で「金銭管理」「対人関係」「健康管理」など、自立生活に関しての助言や指導を受けることができる。

同時に、地域で暮らしている知的障害者に対する相談業務や支援も実施している。

知的障害者福祉ホーム

就労している15歳以上の知的障害者が、低額な料金で入居できる施設だ。利用者は介助がなくても生活ができ、継続して就労できる人。

自立生活が目的のため、指導・訓練は行わず、施設職員は入居者の日常生活のサポートのみを行う。

精神障害者生活訓練施設（援護寮）

入院治療の必要がなく、回復しつつある精神障害者を対象に、社会生活に適応できるための援助と生活指導を行う施設だ。

利用者は、定額な料金で一定期間（2年以内。1年以内の延長可能）、居室などの設備が利用でき、日常生活の指導が受けられる。

主に、精神保健福祉士・生活指導員が指導にあたっているが、精神障害者の高齢化に伴い、介護福祉士を配置する施設が多くなっている。

精神障害者授産施設

精神障害者授産施設には、「入所型」と「通所型」の2つのタイプがあり、利用者は将来的に一般企業に就労を希望する、一定レベルの作業能力のある人だ。

主に、作業療法士や精神保健福祉士などの専門家が、社会復帰や自立を目的に、職業訓練、作業訓練、日常生活指導を行っている。

生活保護のための施設

「生活保護のための施設」は、生活保護法に基づき、一定水準の生活を営むことが困難な人を入所させ、保護を行う施設。次の5種類の施設がある。

① 救護施設
② 更生施設
③ 医療保護施設
④ 授産施設
⑤ 宿所提供施設

介護福祉士は、主に救護施設で、日常生活の援助を行っている。

職場経験③

知的障害者通所授産施設

利用者の社会参加への第一歩と手助け

山井正弘さん

1960年生まれ。大学卒業後、スポーツ用品メーカーに就職。退職後、福祉系の専門学校に入学。卒業と同時に資格を取得。

元々民間企業で働いていましたが、母が祖母の介護疲れで倒れたことをきっかけに、資格をとり、福祉の仕事にチャレンジしようと決意しました。

現在、私が勤務している福祉作業所は知的障害者通所授産施設で、利用者に作業を提供し、自活に必要な生活指導を行い、自立できるように支援しています。

できるだけ一般の就労に近い状況に環境を整え、知的障害者が社会性を身につけられるように工夫しています。利用者は、活動をとおして経験を重ね、自立性を養っていきます。

具体的な作業内容は、購読雑誌の封入などの受託作業と、ステンシルを施したオリジナルT

シャツやアクリルたわしなどの販売を目的とした自主生産品づくり、官公庁からの受注である公園の清掃など、3つです。

そのなかでの私の仕事は、1人ひとりのもっている潜在能力を引き出し、社会参加への第一歩の手助けをすることです。

民間企業で培った私の経験と介護福祉士の専門性を活かしつつ、利用者個々の自主性を尊重した体験学習の支援、コーディネイトをしています。

福祉業界も変革の波が押し寄せていますから、介護福祉士にもさらなるマネージメント能力が要求されてくると思います。

資格のみならず、より広い視野をもって臨むことなども大切ですが、いちばん大切なことは、「福祉の仕事とは、利用者との日々の関わりの積み重ねから、信頼関係を深めていき、やりがいを見い出すものだ」ということです。そのことを忘れてはいけません。

介護福祉士の仕事探しのポイント

募集状況

福祉業界の採用は定期採用があまりないことが特徴。施設の設備や職員の定数が法令で決められているため、在職中の職員が退職するときなどの欠員補充が中心になるからだ。

ただ、施設の場合、施設の新規開設は4月に集中するため、4月採用が多い傾向にある。

また、福祉施設の場合、在職中の職員が退職するのは3月が多いため、欠員補充に伴う求人は退職予定者が申し出た後になるため、12月～翌年の2月末ごろになる。

勤務形態

デイサービスセンターなど通所施設では、夜勤がないため日勤型だが、老人ホーム・介護老人福祉施設など、昼夜介護が必要な施設では、「日勤型」「宿直型」「夜勤型」の３タイプがある。

これらの施設は二交代制、三交代制で、職場の勤務ローテーションに従って働いている。

また、訪問介護事業所などでも、利用者の要望に応えるよう、夜の訪問もあるので、職場のローテーションのなかで働く。

介護福祉士の仕事は、このように、訪問介護事業所でホームヘルパーという「職種」で働く方法、また、老人ホーム、デイサービスセンターといった「職場」で働く場合など、多くの選択肢がある。

勤務形態に応じた一般的な時間帯

＊二交代制
日勤／９：00～18：00
夜勤／18：00～９：00
休日／日曜、祝日、指定土曜日
職場／通所型施設に多い

＊三交代制
早出／７：00～16：00
遅出／10：00～19：00
夜勤／18：00～９：00
日勤／９：00～18：00
休日／曜日関係なく交代制
職場／入所型施設に多い

求人情報の集め方

① ハローワーク（公共職業安定所）を利用する

求職票を提出すれば、社会福祉法人やシルバーサービス産業からの求人情報を得ることができる。希望条件を提示すれば、個別の相談も受けられる。

ハローワークインターネットサービス　http://www.hellowork.go.jp/

② 福祉人材センターで探す

福祉関係の職場や職業を専門に無料で紹介する福祉人材センターは、社会福祉事業法に基づき、各都道府県（47ヵ所）に設置されている。最近、福祉人材センターでは、ホームページから求職登録ができるシステムも完成し、効率のよい、職場探しも可能になった。

その他、福祉人材センターでは、仕事説明会、再就労講習会、福祉講座（福祉入門講座、介護講座、施設体験）なども開催されている。

福祉人材センター　http://www.fukushi-work.jp/

③　求人情報・新聞などで探す

新聞の求人欄では、医療・福祉関係の求人の特集が載る場合もあるので、こまめにチェックするとよいだろう。

また、地域にある施設の募集などは、市区町村が発行する広報で募集されることもあるので、市区町村のホームページと合わせて、定期的にチェックすることをお勧めする。

④　知人からの紹介

福祉関係で働いている知り合いがいれば、職場環境や待遇など、より具体的な情報が得られる。もちろん、求人情報を提供してもらうのもひとつの方法だ。

⑤　介護福祉士養成学校の就職指導

介護養成学校を卒業予定、あるいは卒業者は、学校を通じて職業紹介や相談が受けられる。養成学校のなかには、一般の求職者にも窓口を開放して、無料職業紹介を行っている所もある。

⑥ インターネットで探す

インターネットを活用すれば、家にいながら、敏速かつ最新の情報が得られる。ハローワーク等と併用して、上手に利用すれば有益な情報が得られるだろう。

以下に主なサイトを紹介する。

ケア人材バンクの介護ジョブ　http://www.kaigojob.com/
求人情報ナビ＋V　http://www.jobplus-v.com/
福祉ジョブドットコム　http://www.294job.com/

待遇について

社会福祉法人など民間の福祉施設は、たとえば、東京都などでは、東京都の公務員給与を基準に給与額が決められている。

もちろん、経営形態や勤務形態・仕事内容によって若干の違いはあるが、この公務員に準ずる制度、「職員給与公私格差是正事業制度」を採用していれば、どこの施設に就職しても、基本給はほぼ同じ水準をベースにしていると考えてよいだろう。

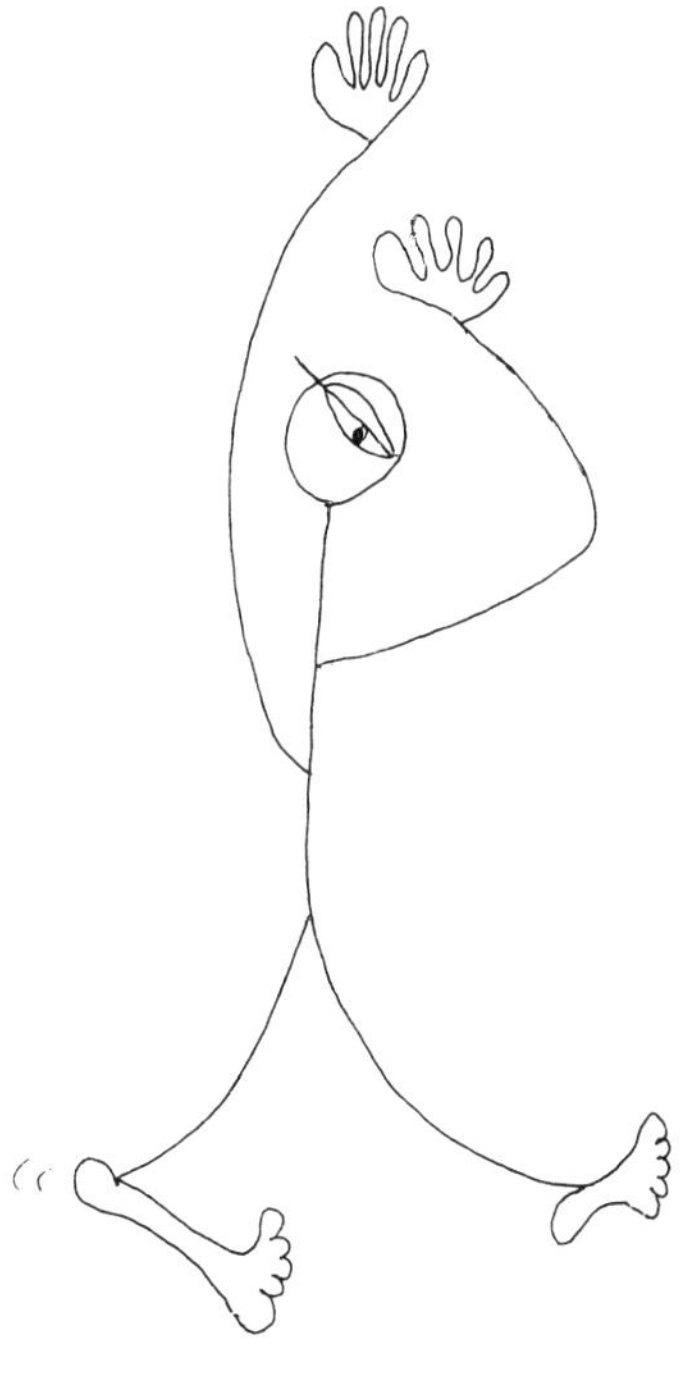

コラム

新介護保険制度を切る②

人手が足りるのか!?「地域包括支援センター」

介護保険改正に伴い、新たに「地域包括支援センター」が設けられることになった。ここで従事する職員は、「介護福祉士」「保健士」「主任ケアマネージャー」とされており、介護福祉士にとって新たな職場が登場したといえる。

設置主体は市町村で、人口2〜3万人に1ヵ所設置するとされている。

地域包括支援センターの主な仕事は、「要支援」「介護度1」の比較的経度の高齢者の介護予防マネージメントを行うというものだ。

もちろん、仕事はそれだけではない。地域のケアマネージャーが抱えている困難事例などのサポートや虐待防止、権利擁護のための必要な援助、また、地域で高齢者が自立した生活ができるようにサポートするための包括的で継続的なマネージメントを行う。

理想を高く掲げたセンターだが、それを運営していくには、経験のある熟練した人材が求められている。しかし、そういった人材は得がたく、とくに地方の市町村では人材不足に頭を抱えている。まずは、人材育成が先決との声も聞かれる。

このため、2008（平成20）年4月までは、「地域包括支援センター」の設置が難しい所は、介護予防を行わなくてもよいとの経過処置が決められている。

また、「包括支援センター」を「在宅介護支援センター」に委託可能とされている。各市町村により若干異なるが、「在宅介護支援センター」が「地域包括支援センター」の業務を担うところ、一体となるところ、併設されるところとさまざまである。

しかし、在宅介護支援センターの間でも「委託されても、これ以上新しい仕事ができるのか不安」との声も出ている。

第3章

介護福祉士になるための準備と資格取得

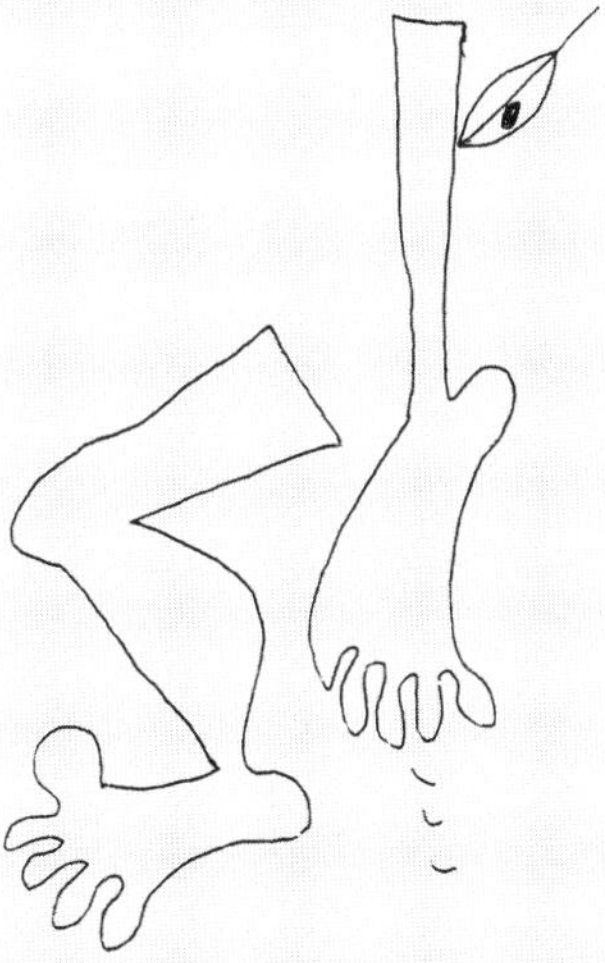

介護福祉士になるためのいくつかのルート

介護福祉士の資格取得のルートは、次のとおりだ。自分がどのルートにあてはまるのか、または、どのルートで取得するのがベストなのか、よく確認しよう。

① 高等学校または中等教育学校卒業以上の者であって、一定の養成施設を卒業している。高校を卒業後、指定の養成施設（介護福祉士養成施設）で指定の科目を履修して卒業すると、国家試験をすることなく、資格を取得することができる。養成施設には2年制課程（夜間は3年制）、1年制課程（夜間は2年制）がある。

② 3年以上介護等の業務に従事した者で、介護福祉士国家試験に合格したもの。

③ 高等学校または中等教育学校（それぞれ専攻科を含む）において、福祉に関する所定の教科目（もしくは科目）および単位数を修めて卒業した者で、介護福祉士国家試験に合格したもの。

●介護福祉士資格取得ルート図

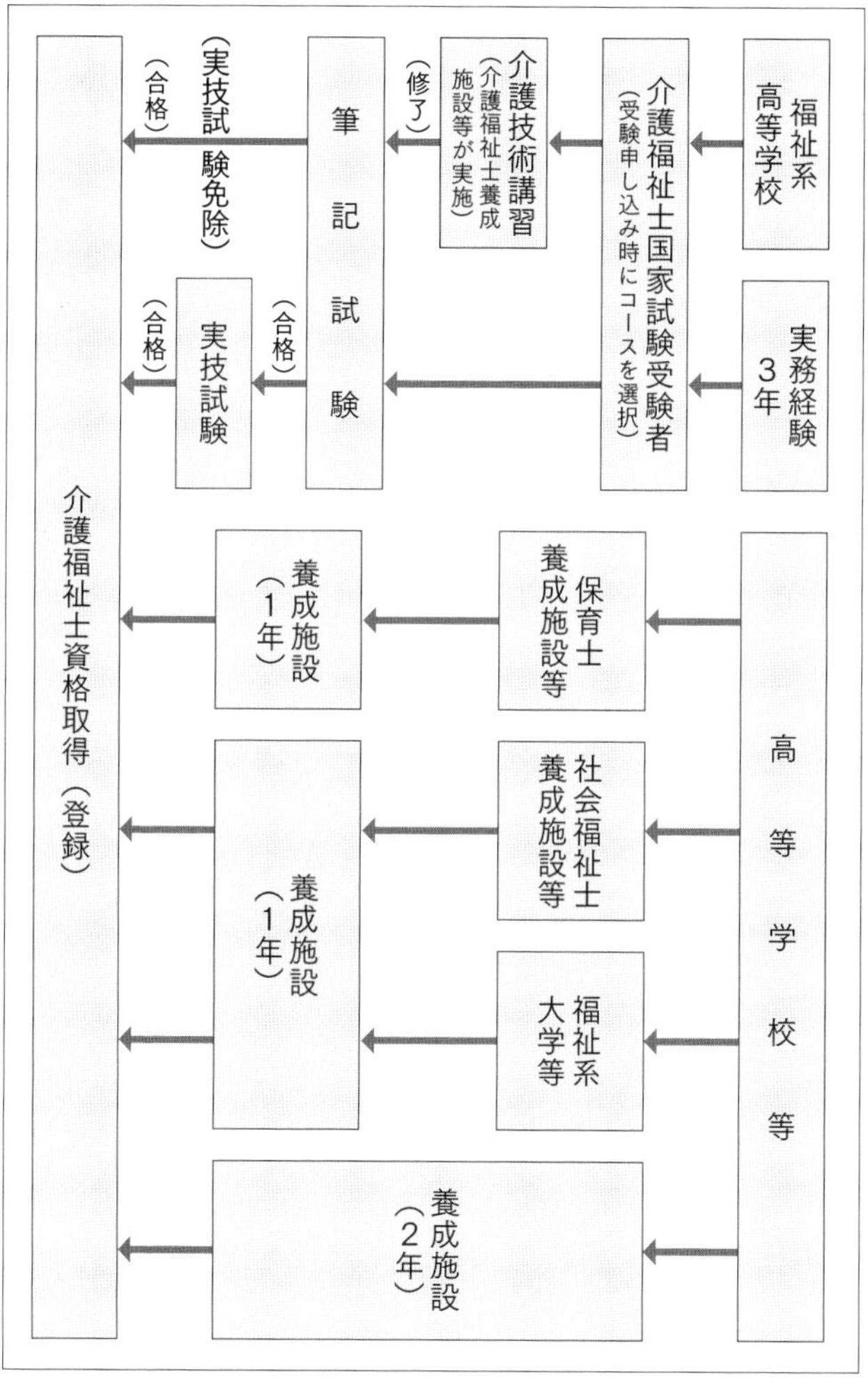
福祉系高等学校
実務経験3年
介護福祉士国家試験受験者
（受験申し込み時にコースを選択）
介護技術講習
（介護福祉士養成施設等が実施）
（修了）
筆記試験
（実技試験免除）
（合格）
実技試験
（合格）
（合格）
高等学校等
保育士養成施設等
社会福祉士養成施設等
福祉系大学等
養成施設（1年）
養成施設（1年）
養成施設（2年）
介護福祉士資格取得（登録）

受験資格と試験の概要

受験資格

受験資格は、法令等により次のいずれかに該当する方と規定されている。

① 実務経験による受験（3年以上介護等の業務に従事した者）

●業務従業期間・従事日数

受験資格となる実務経験で、現に就労した期間・日数は通算して下のとおり必要だ。

従業期間	1095日以上
従事日数	540日以上

a.	従業期間…受験資格の対象となる施設（事業）および職種での在職期間 従事日数…従業期間内において実際に介護等の業務に従事した日数 （従事日数については、年次有給休暇、特別休暇、出張、研修等により実際に介護業務に従事しなかった日数を除く）
b.	受験申込日までに3年に達していなくても筆記試験前日までに期間・日数が右記の日数以上となる見込みの者は「実務経験見込み」として受験できる。

※ここで言う「介護等の業務」とは、身体上または精神上の障害があることにより日常生活を営むのに支障がある者について、入浴、排せつ、食事その他の介護を行い、並びに、その者およびその介護者に対して介護に関する指導を行うこと。

②福祉系高等学校卒業による受験

区分	詳細
福祉系高等学校卒業（見込み）者	学校教育法による高等学校または中等教育学校（専攻科および別科を除く）において、社会福祉士および介護福祉士法施行規則第21条に定める教科目・単位数（別表1）を修めて卒業した者（卒業する見込みの者を含む）・大学へ「飛び入学」した者
福祉系高等学校専攻科卒業（見込み）者	学校教育法による高等学校または中等教育学校の専攻科（修業年限2年以上）において、社会福祉士および介護福祉士法施行規則第21条に定める科目・単位数（別表2）を修めて卒業した者（卒業する見込みの者を含む） 現在、該当するのは、 ・ＮＨＫ学園高等学校専攻科（通信制：TEL０４２－５７２－３１５１） ・自然学園高等学校専攻科（通信制：TEL０５５１－４５－０５１０） ・星槎国際高等学校専攻科（通信制：TEL０４５－９８１－７４４７） ・池上学院高等学校専攻科（通信制：TEL０１１－８１１－５２９７） ・ウィザス高等学校専攻科（通信制：TEL０３－３５３８－１９２４） ・英智ウィル学院高等学校専攻科（通信制：TEL０２５８－３１－６７７７） の6校です。

別表1　福祉系高等学校卒業（見込み）者の受験に必要な科目と単位数

A　2001（平成13）年度までの入学生

区分	教科	科目	単位数
必修科目	福祉	社会福祉基礎	2
		社会福祉制度	2
		老人介護	4
		社会福祉援助技術	4
		社会福祉実習	6
		社会福祉演習	2
	家庭	家庭一般	4
		被服	2
		食物	2
	看護	看護基礎医学	4
		基礎看護	4
選択科目		社会福祉演習、家庭経営・住居または成人看護のうちから1科目	（2）
合計			36（38）

※ただし、2001年度入学生は「選択科目」を修めることを要しない。

B　2002（平成14）年度以降の入学生

教科	科目	単位数
福祉	社会福祉基礎	4
	社会福祉制度	2
	基礎介護	6
	社会福祉援助技術	4
	社会福祉実習	6
	社会福祉演習	4
家庭	家庭総合　※ただし、2002年度入学生は「家庭一般」	4
看護	看護基礎医学	4
	合計	34

※留年、編入等により修業年限3年で卒業しない者は、科目名、単位数が右表と異なる場合がある。

別表2　福祉系高等学校専攻科卒業（見込み）者の受験に必要な科目・単位数

科目	単位数
社会福祉概論 社会福祉原論及び社会保障論	3
老人福祉論	3
障害者福祉論	3
社会福祉援助技術	2
社会福祉実習	6
社会福祉演習	2
心理学	3
家政学概論	3
医学一般	4
介護概論	4
合計	33

試験の概要

２００７年度（第20回）の場合

事項	内容
受付期間	２００７（平成19）年８月８日（水）から９月７日（金）まで（９月７日消印有効） 受験申込書は、９月７日（金）までに受験手数料を払い込み、同日までの郵便局の消印のあるものに限り受け付けます。 ９月７日（金）以降の消印のあるものは、受け付けませんので、注意してください。
申込先	財団法人社会福祉振興・試験センター　試験室 〒１５０－０００２　渋谷区渋谷１－５－６ 試験センター所定の封筒を使用し、必ず「簡易書留」扱いで郵送してください。普通郵便で郵送し、到着しない等の事故が生じた場合には、試験センターでは責任を負えませんので注意してください。

試験の日時

試験日		
筆記試験	2008（平成20）年1月27日（日曜日）	
実技試験	2008（平成20）年3月2日（日曜日）	

試験時間・筆記試験科目

	試験時間	筆記試験科目
午前	10時00分～11時35分	①社会福祉概論 ②老人福祉論 ③障害者福祉論 ④リハビリテーション論 ⑤社会福祉援助技術（演習を含む） ⑥レクリエーション活動援助法 ⑦老人・障害者の心理 ⑧家政学概論
午後	1時30分～3時25分	⑨医学一般 ⑩精神保健 ⑪介護概論 ⑫介護技術 ⑬形態別介護技術

出題数は120問です。

筆記試験に合格した者に別途通知します（「申請により実技試験を免除するコース」の者を除く）。

1）実技試験は、第20回介護福祉士国家試験の筆記試験に合格した者に限り受験することができます（ただし、「申請により実技試験を免除するコース」の者を除く）。

2）受験者一人の試験時間は「5分間以内」です。

試験地		北海道、青森県、宮城県、埼玉県、千葉県、東京都、神奈川県、新潟県、石川県、愛知県、京都府、大阪府、兵庫県、岡山県、広島県、香川県、福岡県、鹿児島県、沖縄県 1）試験地は19都道府県です。 2）申込み時に希望した「希望試験地」の変更はできません。 3）試験地は、必ずしも希望どおり決定されるとは限りません。
試験会場および所在地	筆記試験	2007（平成19）年12月7日（金）に投函する筆記試験受験票・試験会場案内図により通知します。
	実技試験	2008（平成20）年2月15日（金）に投函する実技試験受験票・試験会場案内図により通知します。
	1）試験会場について、電話による問い合わせには応じられません。 2）受験票で指定した試験会場以外では、受験できません。 試験会場は、受験票で必ず確認してください。	

実技試験が免除に

第18回（2005年度）の介護福祉士国家試験から、「介護技術講習」を修了すれば、実技試験の受験が免除される介護技術講習制度が新たに導入された。これにより、筆記試験については、従来どおり全ての受験者が受験する必要があるが、実技試験については、受験申し込み時に、従来の「実技試験を受験するコース」と、新たに実施される介護技術講習を受講・修了し、「申請により実技試験を免除するコース」のいずれかを選択することができるようになった。

実技試験の免除は、実際に介護福祉士国家試験の筆記試験を受験したか否かにかかわらず、講習終了後、引き続いて行われる3回の実技試験について免除される。

受験の申し込み手続きと必要書類

受験の申し込みをするときは、次のいずれかに該当する区分で手続きをする。また、必要書類は、その区分によって決まってくる。

区分1…（実務経験）3年以上介護等の業務に従事した者

区分2…（高等学校）福祉系高等学校を卒業した者

区分3…（高等学校の専攻科）NHK学園高等学校専攻科・自然学園高等学校専攻科・星槎国際高等学校専攻科・池上学院高等学校専攻科・ウィザス高等学校専攻科・英智ウィル学院高等学校専攻科を卒業した者

区分4…（受験資格に係る証明書に代わる受験票の提出）過去に受験票が交付された者

提出書類一覧

	提出書類＼受験申込区分	区分1	区分2 区分3	区分4
①	受験申込書	○	○	○
②	郵便振替払込受付証明書貼付用紙	○	○	○
③	受験整理票	○	○	○
④	実務経験（見込）証明書	○		
⑤	従事日数内訳証明書（同一期間に複数の事業所等に所属している場合に限り必要。）	（○）		
⑥	卒業（見込）証明書・教科目および単位履修（見込）証明書		○	
⑦	受験資格確定済申出書			○
⑧	介護技術講習修了証明書・介護技術講習受講決定通知書	（実技試験免除申請をする場合に限り必要）		
⑨	戸籍抄本（戸籍の個人事項証明書）	（結婚等により受験申込書と証明書の氏名が異なっている場合に限り必要）		
	提出書類チェックシート	○	○	○

※ 該当する受験申込区分ごとに提出書類一覧を見て、○がついている書類が必要。

合格発表から登録までの流れ

合格発表から登録までの流れを、２００７年度（第20回）の受験を例に左の表にした。

合格発表	結果通知	全受験者（(注)を除く） ２００８年3月31日（月曜日）投函により郵送 ○合格者には、合格証書を交付します。 ○不合格者には、その旨を通知します。 (注)「実技試験を受験するコース」の者で、実技試験の対象とならなかった者にはあらためて通知しません。
	厚生労働省および試験センター	２００８年3月31日（月曜日）午後1時 合格者の受験番号を掲示します。
	試験センターホームページ http://www.sssc.or.jp/	２００８年3月31日（月曜日）午後1時 合格者の受験番号を掲示します。（合格発表直後の時間帯は、ホームページは混み合い繋がりにくくなる場合がありますので、時間をおいて閲覧してください）
登録	登録の申請	登録の申請書を試験センターが受理してから登録証が申請者の手元に届くまで、1か月半から2か月程度かかります。
	介護福祉士資格取得	国家試験に合格しても、登録をしなければ「介護福祉士」の名称を用いることばできません。

受験動向と合格率

介護福祉士の登録者数は年々増加し、近年では毎年5万人ペースで新規登録者が増えている。2007年2月の登録者総数は54万8508人になった。登録者の資格要件をみると、養成施設卒業者の40～45％に対し、試験合格者が55～60％と、試験合格者のほうが1割強多い状況となっている。

合格者を男女別にみると、女性が8割強を占めているが、男性の取得者が20～30代を中心に年々伸びてきている。合格率も50％台を確保するようになった。

2006年度の場合をみると、受験者数14万5946人、合格者数7万3606人で、合格率50・4％だった。これまでの試験結果は表（厚生労働省社会・援護局　報道発表資料）のとおりだ。

	第1回（1989年）	第2回（1990年）	第3回（1991年）	第4回（1992年）	第5回（1993年）
受験者数〔名〕	11,973	9,868	9,516	9,987	11,628
合格者数〔名〕	2,782	3,664	4,498	5,379	6,402
合格率　〔%〕	23.2	37.1	47.3	53.9	55.1

	第6回（1994年）	第7回（1995年）	第8回（1996年）	第9回（1997年）	第10回（1998年）
受験者数〔名〕	13,402	14,982	18,544	23,977	31,567
合格者数〔名〕	7,041	7,845	9,450	12,163	15,819
合格率　〔%〕	52.5	52.4	51.0	50.7	50.1

	第11回（1999年）	第12回（2000年）	第13回（2001年）	第14回（2002年）	第15回（2003年）
受験者数〔名〕	41,325	55,853	58,517	59,943	67,363
合格者数〔名〕	20,758	26,973	26,862	24,845	32,319
合格率　〔%〕	50.2	48.3	45.9	41.4	48.0

	第16回（2004年）	第17回（2005年）	第18回（2006年）	第19回（2007年）
受験者数〔名〕	81,008	90,602	130,034	145,946
合格者数〔名〕	39,938	38,576	60,910	73,606
合格率　〔%〕	49.3	42.6	46.8	50.4

（注）第７回については、阪神淡路大震災の影響により1995年７月23日（筆記試験）、８月27日（実技試験）に実施した再試験の結果を含む

合格者（第19回・2006年度）の内訳

性別

区分	男	女	計	備考
人数〔人〕	11,868 (9,881)	61,738 (51,029)	73,606 (60,910)	(　)内は第18回の試験結果
割合〔%〕	16.1 (16.2)	83.9 (83.8)	100.0 (100.0)	

受験資格別

区　分	受験者数〔人〕	合格者数〔人〕	合格率〔%〕	割合〔%〕
総数	145,946	73,606	50.4	100
社会福祉施設の介護職員等	57,049	28,119	49.3	38.2
老人福祉施設の介護職員等	47,313	22,856	48.3	31.1
身体障害者福祉施設の介護職員等	2,120	1,029	48.5	1.4
保護施設、児童福祉施設の寮母等	1,236	612	49.5	0.8
その他の社会福祉施設の介護職員等	6,380	3,622	56.8	4.9
訪問介護員	46,228	26,153	56.6	35.5
介護老人保健施設の介護職員	15,610	6,776	43.4	9.2
医療機関(療養病床等)の看護補助者	15,631	6,320	40.4	8.6
福祉系高等学校（専攻科を含む)	8,865	4,983	56.2	6.8
その他	2,563	1,255	49.0	1.7

(注)「その他」は、介護等の便宜を供与する事業を行う者に使用される者のうち、その主たる業務が介護等の業務である者等である。

年齢別

年齢区分〔歳〕	人数〔人〕		割合〔%〕		備考
～20	3,158	(3,128)	4.3	(5.1)	( )内は第18回の試験結果
21～30	14,791	(12,894)	20.1	(21.2)	
31～40	17,546	(14,214)	23.8	(23.3)	
41～50	23,084	(18,915)	31.4	(31.1)	
51～60	13,863	(10,977)	18.8	(18.0)	
61～	1,164	(782)	1.6	(1.3)	
計	73,606	(60,910)	100	(100)	

都道府県別

北海道	3,450	東京都	6,296	滋賀県	760	香川県	559
青森県	880	神奈川県	4,721	京都府	1,718	愛媛県	1,052
岩手県	731	新潟県	1,551	大阪府	6,029	高知県	407
宮城県	1,211	富山県	674	兵庫県	3,780	福岡県	3,287
秋田県	697	石川県	747	奈良県	914	佐賀県	480
山形県	689	福井県	474	和歌山県	908	長崎県	1,115
福島県	944	山梨県	463	鳥取県	356	熊本県	1,190
茨城県	1,242	長野県	1,291	島根県	518	大分県	885
栃木県	894	岐阜県	1,214	岡山県	1,324	宮崎県	732
群馬県	950	静岡県	1,981	広島県	1,993	鹿児島県	1,380
埼玉県	3,342	愛知県	3,603	山口県	946	沖縄県	641
千葉県	2,851	三重県	1,207	徳島県	529	計	73,606

(注) 合格者の受験時の住所による。

出題基準と合格基準を知る

介護福祉士国家試験の「出題基準」はどのようなものか、以下にそのポイントを詳しくみていこう。

■出題基準

① 出題基準はあくまでも標準的な出題範囲の例示であって、出題範囲を厳密に限定するものではなく、また、作問方法や表現等を拘束するものではない。

② 出題基準公表後の法改正による制度の重大な変更等、出題基準にない事項であっても、介護福祉士として習得すべき事項については、出題することができる。

③ 関係学会等で学説として定まっていないものや、論議が分かれているものについては、その旨を配慮した出題を行う。

■大・中・小項目の位置づけと関係

① 大項目は、中項目を束ねる見出しであり、科目全体の範囲を示すとともに、出題の

理念を示すものである。

② 中項目は、試験の出題内容となる事項であり、試験問題はこの範囲から出題されることとなる。なお、中項目は、出題基準として、試験問題の出題範囲という観点から配列されているため、学問的な分類体系とは必ずしも一致しない。

③ 小項目は、中項目に関する事項をわかりやすくするために例示した事項である。

④ 出題は、この出題基準に盛り込まれた事項に限定されるものではなく、法律、政省令等に規定されている事項、厚生労働白書などの広報を目的とした公刊物に記載されている事項などからも出題される。

⑤ 実技試験課題は、出題基準の中項目に掲げられた項目から一課題として出題される。

次に、介護福祉士国家試験の「合格基準」を、以下に詳しくみていこう。

■筆記試験の合格基準

次の2つの条件を満たした者を筆記試験の合格者とする。

① 総得点120点に対し、得点82点以上の者(問題の総得点の60％程度を基準として、問題の難易度で補正した点数以上の得点の者。配点は1問1点である)。

② ①を満たした者のうち、以下の「12科目群」すべてにおいて得点があった者。

1 社会福祉概論
2 老人福祉論
3 障害者福祉論、リハビリテーション論
4 社会福祉援助技術（演習を含む）
5 老人・障害者の心理
6 家政学概論、レクリエーション活動援助法
7 医学一般、精神保健
8 介護概論
9 介護技術（一問一答問題）
10 介護技術（事例問題）
11 形態別介護技術（一問一答問題）
12 形態別介護技術（事例問題）

実技試験の合格基準

筆記試験の合格者のうち、次の条件を満たした者を実技試験の合格者とする。

総得点１００点に対し、得点46・67点以上の者（課題の総得点の60％程度を基準として、課題の難易度で補正した点数以上の得点の者）。

公的助成制度を有効に利用する

教育訓練給付制度

教育訓練給付制度とは、多様な職業能力開発が求められるなかで、働く人のスキルアップを応援し、雇用の安定と再就職の促進を図ることを目的とした、雇用保険の新しい給付制度だ。

一定の条件を満たす雇用保険の一般被保険者（在職者）または一般被保険者であった方（離職者）が、厚生労働大臣の指定する教育訓練を受講し、修了した場合、教育訓練施設に支払った教育訓練経費の40％（支給要件期間3年以上5年未満の場合20％）で、上限20万円（支給要件期間3年以上5年未満の場合10万円）をハローワーク（公共職業安定所）から支給する。

支給要件期間	給付率	上限額
5年以上	40%	20万円
3年以上〜5年未満	20%	10万円

教育訓練給付金の支給対象者（受給資格者）は、次の方たちだ。

① 今の会社で3年以上就業している方（18歳以上66歳未満の方）。

② 会社を辞めた方（離職してから1年以内であり、かつ支給要件期間が3年以上ある方）。

③ 途中転職の方（中断期間が1年以内であれば、中断以前の支給要件期間も通算して、3年以上ある方）。

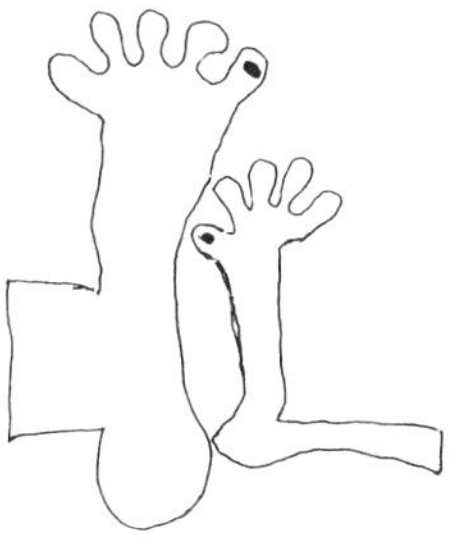

介護福祉士　私の場合 Case 1

介護福祉士からケアマネージャーへ
モットーは冷静さと思いやりの共存

山田　二三男さん

やまだ　ふみお

1959年、新潟県生まれ。早稲田大学中退と同時に雑誌『話の特集』編集部に勤務。その後、看護師向け雑誌、昆虫愛好家向け雑誌、在日文芸誌等の編集を経験。ある時期から「純粋」肉体労働をめざし、運送会社を経て、ヘルパー資格を取得。老人保健施設、訪問介護事業所で働き、介護支援専門員の資格をとる。現在、東京都にある事業所の介護支援専門員。

他人と直接的に関われる仕事を

元々、体を動かすことが好きでした。肉体労働は働いているっていう実感が湧きますし、一日終わったあとは充実感がありますね。肉体労働を中心にいろいろな職業を経験しましたが、やはり体は資本だと思います。

でも、人間ってだれでも老いていくし、体力も衰えていく。「人が老いるってどういうことだろう」「他の人はどのようにそのときを迎えるのだろう」「まだまだ、体を動かすということに何の不自由もない自分が、もっと他人と何か直接的に関われることはないだろうか」そんなことを考えていました。40歳になるころでした。

２０００年から介護保険が始まることを知って、これからは確実に介護の必要性・重要性が増していくだろうと思い、「この業界はまだ男性の進出も少ないから、やりがいがある仕事ではないか」と考えました。ちょうど会社を辞めたところだったので、職業訓練校に通ってヘルパーの資格をとりました。

資格取得で得た自信とプロ意識

はじめは介護老人保健施設で働きました。仕事内容は排泄介助、食事介助、入浴介助、記録等です。というと一言ですんでしまう内容ですが、日々の労働は毎日変化に富んで苦労する部分もあります。

高齢者の状態というのは刻一刻と変化していくわけですから、それに対応していくには、柔軟性、判断力、コミュニケーション能力等が必要とされます。

また、ご家族とのコミュニケーション、ご本人の状態を分かりやすく説明できるかなど、そこには体力勝負だけではない、冷静に判断できる頭脳が不可欠だと思います。

仕事に関われば関わるほど、もっと深い介護に関する知識と技術が必要だと感じました。そこで介護福祉士の資格をとろうと思って勉強し、資格を取得しました。

資格をとってからの仕事内容は別段変わることはありませんでしたが、自分の仕事に対する意識がだいぶ変わりました。プロ意識といいましょうか、自信をもって対応ができるようになったのです。

経験に培われた状況判断はもちろん大切なことですし、思いやりをもった情熱、奉仕の心も介護をするうえではもたなくてはいけない重要なことです。ただ、そのうえで裏づけとなる知識・技術があれば「たぶん、そうだろう」という対処から、自信をもった適切な処置ができ、より安全で確実なケアを提供できるわけです。これがプロ意識の源でしょう。

利用者側も、「資格をもっている人」という基準でみれば、任せてもいいという安心感が生まれると思います。また、「資格がある」という一定のレベルは経験の共有化とでもいいますか、同じ現場を体験しなくても、同業者はもちろん、異業種の方とも同じ認識、同じ土俵で協力しあえるということです。

ここに資格をもつ意義があると思います。

システム作りから関わりたい

介護老人保健施設のあと、訪問介護事業所でサービス提供責任者として働きました。そこでは、「利用者に対してより安心して利用してもらうにはどうしたらいいのか」を考え、質の向上が必要なことを痛感しました。正直言って、ヘルパーのなかには責任感や介護の専門知識が不足していて、利用者から信頼を得られない人もいるからです。

それは介護保険ができたときに、質よりも量で、とにかくヘルパー資格者の数をそろえようとしたためにおきたことです。わずか130時間の研修だけで、身体介護や生活援助のすべてを学ぶことは無理なことです。

また、世間的にもヘルパーの仕事は、「お嫁さんや娘など女のやる仕事」だと思われ、「だれにでもできる安易な仕事」という見方もされていました。それゆえ、当事者または家族が上手に介護を利用できていない、仕事の内容にみあう報酬ではないことなど、問題は山積しています。

そこで「これはシステム作りから出発しなければならない」という認識をもちました。そして、「利用者に直接、接することだけが介護ではない」と考え、以前からステップアップのひとつとして考えていたケアマネージャー（介護支援専門員）の資格をとることにしました。

先駆者としてのプロ意識をもつ

現在は東京都の事業所でケアマネージャーをやらせてもらっています。想像はしていましたが、たくさんの業務と責任があり、かなりハードな仕事です。

ケアマネージャーとしてケアプランの作成・給付管理はもちろん、定期的な訪問、サービス事業者との連絡、調整、サービス担当者会議の開催や研修への参加、それらに付随する資料の作成・記録など、仕事内容は煩雑かつ多量です。

そのうえ、管理者としての仕事として、サービス提供責任者への指示、ヘルパーとの関わり、営業所の経営状態の把握など、仕事は尽きません。

しかし、基本はやはりケアマネージャーとしての仕事にあると思っています。利用者とその家族との関係を円滑にし、よりよい介護を提供するには、プロ意識が絶対に必要です。これからこの業界をめざす人は、「生半可な気持ちではこなせない仕事だ」ということをよく考えてほしいと思います。「資格をとれば仕事ができる」というレベルで考えていてはあとから自分が困りますし、何より利用者によい介護を提供できません。

介護保険制度が導入されたのが、6、7年前。5年目の大改正もなされましたが、その仕組みはまだまだ未成熟です。確かに需要はありますが、「この業界を自分がつくっていくのだ」と思うぐらいの気持ちがないと、自分の働きやすい居場所を確保し、持続するのは難しいと思います。

まだまだ社会的認知度は低く、収入や地位もそれに見合うものではありません。

あくまでプロとして接すること

それでも私が、今でも介護の仕事を続けられているのは、「この日本に介護を必要とする人が増える」ということ、「それに関わるのは他でもなく自分である」という自覚とプライドです。いちばん心の底にあるのは「人間の本質への関心」でしょうか。

人間はだれひとりをとっても、死ぬことを免れる人はいません。老いとはその死に向かう最終章です。ましてや、介護を必要としている人はより敏感に感じています。そういった人たちと関わることで、人間の本質が垣間見えてきます。

だれでも、食べて、寝て、排泄するのは同じです。「人間って、みなちっぽけな存在なのだな」と思うと、いとおしさというか、切ない気持ちになります。だからこそ、「今、目の前にいるこの人と少しでも長く関わっていたい」と思うのです。

しかし、「情」で接するのではなく、あくまでも一人ひとりの人格をもった人間として尊厳をもってつきあうことが大切です。介護をする際に、利用者を「おばあさん」「おじいさん」と呼ばず、個人名で呼ぶことは、その端的な例です。

私が常日ごろ、モットーにしているのは、「クールヘッド・ホットハート（冷静な判断と熱い情熱）」ということ。熱い情熱をもちつつ、かつ冷静さを失わず、あくまでプロとして接するということです。

これから福祉や介護の仕事に関わろうという人は、とくに、冷静さと思いやりをバランスよく共存できる人でなければならないと思います。

第4章

国家試験の科目内容と学習方法

大きく3つに分かれている13科目

介護福祉士になるために必要な学習課題として13科目が指定されており、これらは3つの分野に分けられる。

①**社会福祉に関する基礎知識**

社会福祉概論　社会福祉援助技術　老人福祉論　障害者福祉論

②**介護に関する専門的知識と技能**

形態別介護技術　介護概論　介護技術

③**介護福祉士に必要な関連知識**

レクリエーション活動援助法　家政学概論　リハビリテーション論　医学一般　老人・障害者の心理　精神保健

社会福祉に関する基礎知識

社会福祉概論

社会福祉概論は、社会福祉の全体像について学ぶ、もっとも基本になる科目。具体的には、福祉関連法規についての基礎知識を習得することだ。

社会福祉概論からの出題は例年8問程度だが、毎年、必ず出るのが社会福祉法の問題。法律といっても、条文を暗記する必要はなく、法律が生まれた背景や、法が示す規定を理解することが大切だ。『福祉小六法』や『社会福祉用語辞典』で学習内容を確認し、理解を深めていくことは、介護福祉士が果たす役割を理解することにもつながる。

ちなみに、社会保障制度や福祉の動向、財政の仕組みなどの最新情報は、厚生労働白書や国民の福祉の動向が参考になる。

ポイント項目

①社会福祉とは何か　②社会福祉の歴史　③社会保障制度　④社会福祉法　⑤社会福祉に携わる専門職等

社会福祉援助技術

社会福祉援助技術は、直接援助技術と間接援助技術に大別され、さらに

直接援助技術――個別援助技術　集団援助技術

間接援助技術――地域援助技術

のように分類できる。

近年、個別援助、集団援助に関する出題が多い傾向なので、その意義や方法について重点的に学習することが大切。この科目は実際に介護をするうえでも、必要とされる専門性を身につけることのできる重要な科目だ。過去5年間ぐらいの問題を総ざらいし、ポイントを把握するとよいだろう。

ポイント項目

①介護福祉士と社会福祉援助技術　②個別援助技術の基礎理解　③集団援助技術の基礎理解　④間接援助技術の基礎理解　⑤関連援助技術の基礎理解　⑥ケアマネジメント

老人福祉論

2006年の介護保険法の改正を受け、最近は、介護予防や認知症ケアの推進が注目さ

れている。老人福祉法、老人保健法、ゴールドプランから介護保険法への大きな流れをつかみつつ、改正後の動向など、最新の情報にも注意を向け、ポイントを押さえよう。

高齢社会を迎え、老人福祉はますます注目されている。介護福祉士はこのような状況のなか、その目的や意義を理解することが重要だが、それだけではなく、高齢者やその家族が具体的にどのような問題を抱えているのか、またそれを改善するにはどうしたらいいのかなども考え、学習していかなくてはならない。

ポイント項目

①高齢社会の到来　②高齢者の生活を支える法律と制度　③老人福祉法　④老人保健法　⑤ゴールドプラン21　⑥介護保険制度

障害者福祉論

障害者が社会復帰、社会参加できるようにするための施策や援助方法を把握するため、障害の概念、基本理念、法的定義・実態を体系的に学ぶ。

障害者福祉に関するサービスは、障害者基本法により整備されており、身体障害者、知的障害者、精神障害者の3つに分かれる。この法のポイントを押さえたうえで、障害者自立支援法の動向や障害者の福祉サービスの現状を学ぼう。

さらに、最近では、障害者福祉関連サービスとしての保健・医療の問題、教育の問題、障害者の雇用、就労に関する出題に重点がおかれる傾向がある。障害者各法についてはコンスタントに学んだほうがよいだろう。

2003年度から導入された支援費制度は、身体障害者、知的障害者、精神障害者で別々になっているサービスを一元化しようという「障害者福祉サービスの一本化」や、将来的に介護保険制度との統合も検討されている。

ポイント項目
①障害の概念　②障害者の法的定義とその実態　③障害者福祉の理念とその変遷　④障害者福祉施策の内容

介護に関する専門的知識と技能

形態別介護技術

障害の形態別の特徴（視覚障害、聴覚・言語障害、肢体不自由、内部障害、精神障害、知的障害、寝たきり老人、認知症）をふまえ、その原因や症状を学ぶ。

そのうえで、介護の基本的な考え方を理解し、生活上の障害や介護のニーズを見い出し、実践的な介護技術を習得していく科目だ。

さらに、補助器具や医療機器についての知識も身につけなければならない。

ポイント項目

①高齢者の基本理解と介護　②寝たきり高齢者の介護　③認知症高齢者の介護　④視覚障害者の介護　⑤聴覚・言語障害者の介護　⑥肢体不自由者の介護　⑦内部障害者の介護　⑧精神障害者・知的障害者の介護　⑨在宅介護

介護概論

介護の目的を再確認して、介護の定義、介護の社会性、介護過程など、介護実践の基礎知識を学び、介護の倫理について学ぶ。

出題傾向としては、介護の倫理、定義、観察と介護計画の立案に関する問題が頻出している。また、毎年、家族を含めた生活支援の介護技法が出題されている。

出題範囲は広く、年によっては、1項目について集中して出題される傾向もあり、予想はむずかしい。しかし、介護福祉士としての専門的な役割を理解するためにも、多岐にわたる介護の基本、倫理を学ぶことはとても重要だ。

介護保険との関連として、在宅介護についての動向も押さえる必要があるだろう。

ポイント項目

①介護の概念　②利用者の理解　③援助の基本　④他機関との連携

介護技術

介護技術は、コミュニケーションの技法、居住環境の整備、身辺介護の技法、緊急事故時の対応などの専門的知識と技術を用いて、利用者のニーズを満たすための行為を学ぶ科目だ。

これは、実践の場で役立つ、具体的な一連の介護技術を習得する科目であり、実技試験と関連の深い科目なので、出題範囲も広く、どの科目からも出題される。

ポイント項目

①コミュニケーション　②状態の変化の把握　③食事の介護と薬の管理　④排泄の介護　⑤着脱の介護　⑥入浴と清拭　⑦屋内外の移動　⑧安全と安楽の提供　⑨緊急時の対応　⑩介護記録

介護福祉士に必要な関連知識

レクリエーション活動援助法

レクリエーション活動援助法は、レクリエーションの概念や意義などの基礎知識を学び、実践や実習を通してレクリエーション活動の援助方法を実践的に身につける。

レクリエーションを援助するうえで、注意すること、計画・実施する際の留意点を確認する。また、レクリエーションのとらえ方が時代の変遷によって変わっていくので、その変化も理解する。

出題傾向として、施設でのレクリエーションの問題は定番化している。また、個人とレクリエーションの問題では、生活の質（QOL）が焦点となっている。

ポイント項目

①レクリエーションの基本理解　②レクリエーションの利用者と援助者　③レクリエーション計画の作成と実施・評価　④レクリエーション援助の展開

家政学概論

家政学概論では、日常生活における衣食住に関する項目と、家庭生活の経営と管理などについて学ぶ。利用者の日常生活が豊かになるよう、この知識を身につけることはとても重要だ。近年、在宅介護推進という時代背景のなか、家庭生活を科学として解明する家政学の活用が注目されている。

家庭生活の経営では、家計管理、栄養素と機能、栄養素の消化吸収と代謝、食品の保存・安全性、調理の手法など。衣生活では、繊維の種類と性質、被服の管理。住生活では、住宅の管理と安全、改修などの問題が例年出題される。

ポイント項目

①家庭生活の経営・管理　②被服生活　③住生活　④食生活・健康と栄養教育　⑤身体機能と栄養素の働き　⑥高齢者（障害者）の栄養と食事　⑦食生活のための調理と食品衛生

リハビリテーション論

リハビリテーションとは、要介護高齢者や障害者が、自立した社会生活を送るためにできるかぎりの機能回復を図る援助活動だ。

リハビリテーションの理念や歴史については、毎年出題されているので、要チェックだ。また、リハビリテーションに関わる専門職との関わり、介護福祉士の役割など、実践的に学びながら、今後の課題についても理解を深めておくことが必要だ。

ポイント項目

①リハビリテーションの理念と基本原則　②リハビリテーション医学の実際　③リハビリテーションの新たな展開　④リハビリテーションの対象となる主な疾患と障害

医学一般

一般医学では、高齢者や障害者の健康管理のため、なりやすい主な疾患や生活習慣病などの理解を深め、人体の構造や臓器の機能に関する基礎を学ぶ。

医学一般は範囲が広く、専門的な知識を学ぶので、大変に思うかもしれないが、医療行為を行うための学習ではないので、それほど難解ではない。

ただ、心筋梗塞、糖尿病、高血圧症、パーキンソン、脳梗塞など、代表的な疾患については、重点的に押さえたほうがよいだろう。

ポイント項目

①身体のしくみとその働き　②疾患の理解　③難病と障害者（児）の医療　④保健医療対策の現状

老人・障害者の心理

老人・障害者の心理では、老化や障害とはどういうことかを学び、その心理的影響を学習する。そして、介護者はどのような対応が適切なのかを取得していく。

出題傾向に関して、定番といえる問題はカウンセリングについて。介護福祉士が援助活動をしていくなかで、対象者の心理状態を把握できるよう、努力することは大切なことだからだ。

ポイント項目

①老人の心理　②老人の心理的特性　③老年期の異常心理　④障害者の心理　⑤障害者への心理的援助

精神保健

精神保健は、精神障害、適応障害、知的障害についての種類や症状、治療方法などを学ぶ。精神保健の意味をよく理解し、精神の健康を維持するために、介護者の立場からよりよい援助方法は何なのかを考え、実践に役立てられるよう学習を進める。

また、精神保健福祉法の規定や精神保健行政の仕組みについても、チェックしておく必要がある。

ポイント項目

①精神保健の概要　②ライフステージと精神保健　③精神障害の基礎知識　④精神保健福祉制度の概要

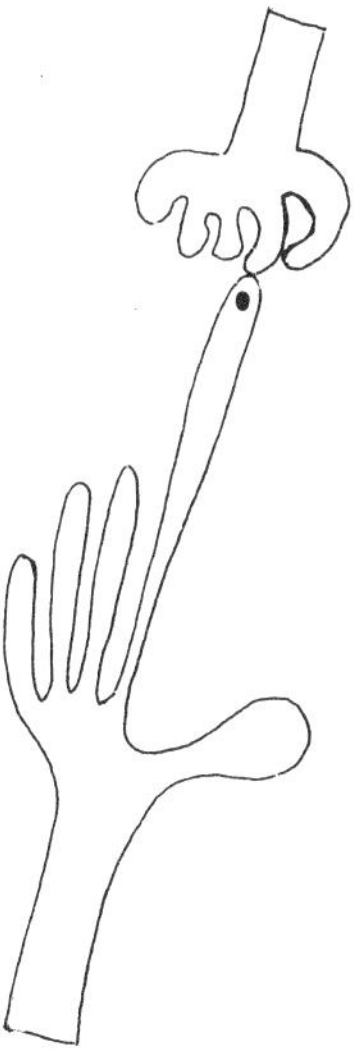

合格体験記

正月休み、1週間の受験勉強で合格！　その方法は？

有沢芳子さん（仮名）

親の介護をきっかに社会福祉協議会でヘルパーに。ヘルパーとして、3年働いた後、2003年に介護福祉士の資格を取得。

実の親の介護をきっかけに、ヘルパーの資格を取得し、親の介護も続けながら、3年間ヘルパーとして働きました。そのとき、「何か、いままでやってきたことの証が欲しい」と思い、介護福祉士の資格を取得しようと思いました。

どうしても資格をとらなければならないという状況ではなかったので、受験直前までほとんど何も勉強しませんでした。家庭の主婦として家事・育児、親の介護をこなしたうえ、ヘルパーの仕事もしていたので、勉強する時間などありませんでした。

そこで、受験を直前に控えた正月前後のお休み約1週間、集中して受験勉強をしました。

その方法は、①まず、過去何年間かの問題集を購入　②何も予備知識を入れずに、とにかく過去問をやってみる　③その結果を見て、どの分野が自分の弱点かを確認する　④弱い分野だけに絞って集中して勉強する、というものです。

私の場合、介護に関する専門知識や技術に関する問題は正解率が高く、「勉強する必要なし」と判断しました。実技もこれまでやってきたことを誠実に出せばよいと判断し、準備なし。

逆に弱いのは、法律・医学関連の分野だとはっきりわかりましたので、残された時間はその分野だけに絞って、集中して勉強しました。家族の理解を得て、それこそ徹夜もしました。一夜漬けのようなものですが、なんとか合格。

現在、ヘルパーさんをしながら資格をとろうとしている人が多いかと思います。やみくもに受験勉強するのでなく、これまでのキャリアを生かした効率的な勉強をすることをおすすめします。

自分にあった学習方法を選択する

高校の福祉科を卒業した人や、ホームヘルパーなど介護の実務経験が3年以上ある人は、介護福祉士国家試験受験資格が与えられるので、①資格スクール通学　②通信教育　③テキストやインターネットでの独学で、資格取得をめざすことができる。自分のライフスタイルにあった効率のよい学習方法を選ぶことが、合格の大前提と言える。

資格スクールで学ぶ

資格スクールは、通信講座に比べて費用はかかるが、通いやすい場所や時間帯を選べば、仕事をしながらでも通学でき、ベテラン講師による要所を押さえた指導が受けられるので、確実な学習が期待できる。また、担当の教員が個別に学習の相談にのってくれるのも、通学するメリットのひとつだ。

6カ月～1年の総合的な介護福祉士講座から、3～4カ月の介護福祉士受験対象講座、1カ月程度の介護福祉士直前対策講座などがあり、開講日も、平日や土日、午前、午後、夜と豊富に用意されている。

スクールのなかには、介護実習室を備えて実技試験のサポートを行っているところもあり、福祉系高校を卒業したが実務経験のない学生、主婦など、実技に自信のない人にも適している。

費用は期間により異なり、入学金0～5万円、受講料15万～35万円ほど。「修了までにホームヘルパー2級を併せて取得できる」「手話講座を無料で受講できる」など、特典のついた講座もある。

お役立ちサイト

福祉関係のスクールの資料が一括請求できるサイト

「介護の資格.Com」

http://www.kaigonosikaku.com/index.html

「ケアライセンスカレッジ」

http://carelicense.jp/index.htm

通信講座で学ぶ

通学講座も、基本的には、すでに受験資格がある人が対象だ。夜間の通学講座とともに、福祉系の職場を志望する社会人で、筆記試験受験準備のために比較的短期間で学びたい人などが在宅学習で活用する。

自宅などで、空いた時間に柔軟に学習でき、レポートや宿題の締め切りがあるので、それに向けて計画的に学習できるのが魅力だ。

講座によって教材内容も費用もさまざまだが、受講期間は6ヶ月、受講料は3万～5万円といったところが一般的。申し込みをするとテキストや添削問題が送られ、質問、模擬テストなども受けられるシステムになっているので、弱点をカバーするのにも最適だ。ただし、実技の実習はないので、実技に関しては、日々の業務のなかで実践的に学習できる人に向いているといえる。

また、最近では衛星放送によるテレビチャンネルでの介護福祉士受験講座もある。テレビの場合、実地試験の場面を実際に見ることができるのがメリットだ。

お役立ちサイト

「介護福祉士受験対象講座２００７」
http://www.iryoufukushi.com/program/kaigo/kaigo2007.html

インターネットやテキストで勉強する

テキストや参考書、問題集で独学するのが経済的な学習方法だが、自発的にやらなければ進まない分、意欲を持続させるのが最も困難だといえる。そのため、綿密な計画を立てて進めることが肝要。

仲間を募って、共通のテキストを購入してグループ学習をする例も見られるが、日程があわないこともあり、やはり独学が多いようだ。

独学する場合は、節目として、資格スクールや通信教育機関が実施する模擬試験やセミナーを受けることをおすすめしたい。非受講者でも受けられるセミナーや模擬試験もあるので、客観的な実力を知るうえでも、うまく活用したいものだ。

従来の独学は参考書や問題集を用いての勉強が中心だった。しかし、最近では、インターネットに介護福祉士受験対策サイトがいくつかできており、常に新鮮な情報を入手できるようになった。試験の動向も、改正により変化が激しいので、より最新の情報を入手するには、ネットが最高の手段といえる。

そのような関連サイトの掲示板では、受験者同士で情報を交換したり、励ましあったりできるので、孤独感を感じずに勉強できるのが大きなメリットだ。自分のホームページやブログを利用して、グループ学習を展開する例も見られる。

また、受験の最新情報のチェック、受験申し込みも、以下のネットから可能だ。パソコンをお持ちの方は、随時、更新情報を確認しておくとよいだろう。

試験についての問い合わせ先

財団法人社会福祉振興・試験センター
〒150－0002　東京都渋谷区渋谷1－5－6
試験案内専用電話　03－3486－7559（24時間対応）
試験室電話　03－3486－7521（9時～17時）
http://www.sssc.or.jp/index_2.html

お役立ちサイト

「介護福祉士受験倶楽部ホームページ」

http://members.jcom.home.ne.jp/booska-boo/

「介護福祉士受験！必勝ノート」

http://hukushi.seesaa.net/

「介護福祉士になる！」

http://kaigofukushishi.de-kiru.net/

介護福祉士　私の場合　Case 2

特養老人ホームから講師、グループホームへ

介護とは「人間が生きる」ということの本質を問う作業

池上　美矢子さん

いけがみ　みやこ

1969年生まれ。東京都出身。白梅女子短期大学卒業後、介護福祉士の資格を取得。特別養護老人ホームで５年間働いた後、世田谷福祉専門学校の講師として８年間勤務。現在は、グループホーム「きみさんち」に正規スタッフとして働く。

人の面倒をみるのが好きだった

小さいころから通信簿に「おせっかい、人の世話好き」と書かれ、人の面倒をみるのが好きでした。高校生のころから漠然と福祉の道を志していましたが、「介護福祉士」という職種もまだなく、高齢者介護も含め、福祉は現在のようにまだ脚光を浴びていないころでした。ただ、母と姉が薬剤師という家庭環境から、「資格を取得して自立していくのがあたりまえだ」と思っていました。

子どもが好きだったこともあり、とにかく「保育士の資格をとりたい」と思い、専攻科のある白梅学園短大保育科に進学しました。短大時代は保育士になるための勉強と実習で必死でしたが、そのなかで障害児・者を介護した経験から、障害児教育にかかわろうと自然に思うようになりました。ところが、短大2年のときに「介護福祉士制度」を知り、介護福祉士の資格がとれる福祉専攻科へ進むことが可能になりました。

介護福祉士がどういう仕事か、まだその当時はよくわからなかったのですが、とにかく福祉分野における国家資格なので取得しようと決意しました。

「高齢者の仕事に向いている」と実感

福祉専攻科は1年間で介護福祉士の取得をめざすため、とてもハードな毎日でしたが、その専攻科で特別養護老人ホームへ実習に行ったのがこの道にすすむきっかけになりました。はじめて高齢者の介護を経験して、少し意外だったのですが「私はこの仕事に向いている」という実感をもったのです。

元々志願していた障害児教育へ進むか、高齢者介護へ進むかずいぶん迷いました。障害児教育にはむろん魅力を感じていましたが、子どもに教育者としてかかわると、人格形成にまで影響を及ぼしそうで、責任が重すぎて少し「怖い」という気持ちがありました。

一方、高齢者の方たちは、すでに人格ができあがっており、若い自分を孫のように可愛がってくれて、祖父母といっしょにいるような居心地のよさがありました。教育者としての仕事より、高齢者介護の方が、気負わず、自分らしさを生かして関われるような気がしたのです。

夏休みに、社会福祉主事の資格をとるため、三鷹市の福祉事務所へ実習に行った折、そこからたまたま特別養護老人ホームを紹介され、短大卒業後の就職先が決まりました。

「介護の真髄」を生徒たちに伝えたかった

特別養護老人ホームでは、とにかく新しい風を吹き込みたくて、いろいろなことにとりくみました。当時は、職場に介護福祉士が半数程度。また、養成教育を受けて取得した人も少ない時代でした。ですので、「介護の現場を変えるのは私たちだ！」とばかりに、行事や余暇活動に力を入れていたことを覚えています。利用者に喜んでもらえること、「楽しかった、ありがとう」なんて言葉を聞きたくて、必死になっていました。

しかし、特養に勤めて4年目くらいになると、介護の仕事への疑問と不安が生じ始めました。「こんなに頑張っているのに利用者は日々弱り、亡くなっていく」「がむしゃらにやってきたけれど、だんだん、身体的にも負担が大きくなってきている」「同じ仕事のくりかえしの先には何があるのだろう」。自分のなかに、このままここで働き続ける自信が徐々になくなってきていることを感じました。

そんな折、白梅学園の恩師から「新設される世田谷福祉専門学校の講師にならないか？」と誘いを受けたのです。あまりに突然の話でしたが、私は心を動かされました。

実は、常日ごろ、特養へ実習にくる学生たちを見ていて、学校教育に疑問を抱いていました。彼らの様子を見ていると、知識や技術だけが重視されているように思えてならなかったのです。

介護施設の高齢者は、老い衰えていく自分を前に、日々、不安や焦燥感、寂しい気持ちにさいなまれています。「そんな方たちの心に寄り添い、気持ちを支えていくのが介護の真髄だ」ということを、私は特養に勤務した5年の歳月のなかで、身をもって学びました。

私は二つ返事で講師になる話をひきうけました。そのころは、介護福祉士が介護福祉士を育てるという状況がまだありませんでした。現場の経験を踏まえたうえで、「介護福祉士の経験をもつ自分なりの教育ができるのではないか」と思ったのです。

生徒たちのおかげでもう一度現場に

一から学校を創りあげていくという作業は、大変でしたが、とてもやり甲斐のあることでした。私は、まさに特養での5年間の介護経験を、生徒たちに余すところなく放出し続けました。

しかし、教員生活5年目あたりから失速し始めました。もう生徒に伝えるべきものを出し尽くしてしまった感じがしたのです。また、教員をしている8年間で、「介護保険制度」が始まり、介護の現場の状況が目まぐるしく変わっていったことも大きな要因でした。

自分が働いていたころの特養の現場と、今の現場が様変わりしていることを、実習に行った生徒から知らされ、ショックを受けることもありました。現在の介護の現場を生徒に伝えられないもどかしさが日々募っていったのです。現場のことが伝えられることが、教員としての唯一の自分のよさだったのに、今の特養、介護の現場を生徒に伝えられないなら、自分がここにいる理由はないと思い始めました。

そして、教員をやめてもう一度現場に戻る決意をしたのです。しかし、教育現場で出会った生徒たちは、今でも私の宝物です。生徒たちのおかげで今の自分があると思っています。もう一度、介護現場に戻ろうと奮い立ったのも、「あの子たちに伝えたいと思う何かをつかみたい」と思ったからなのです。

「きみさんち」に衝撃を受ける

新しい就職先は、認知症の方たちにどっぷり向きあえる環境がよいと思っていました。日本の介護現場において、認知症の方々への適切な対応については、まだまだ改善されるべき点、考えなければならない課題が数多くあったからです。特養の経験から、大きな施設では、認知症の方たちは暮らしにくいことを実感していました。ですから、小規模施設のグループホームにターゲットを絞って、再就職の道を探りました。

グループホームへの求人は、そう多くはなかったのですが、新聞のチラシがきっかけで、幸運にもグループホーム「きみさんち」へ、正規スタッフとして就職することができました。

しかし、「きみさんち」では、最初は驚きの連続でした。言い換えると、特養で自分が経験したことを全否定して入らないとダメだったのです。私は、特養でのお年寄りしか見ていなかったので、施設のなかであっても、普通の人が普通に生活するという感覚をもちあわせていなかった自分に気づいたのです。

「きみさんち」では、お年寄りが、普通に、当たり前に暮らしていました。まず、特養のように、1日のスケジュールが細かく決まっていないのです。

たとえば、その日の食事の時間さえも決まっていないのです。食べたいと思ったお年寄りがすすんで料理をすることになっています。冷蔵庫を開けて、作りたいメニューの食材がなければ、その時点で買い物に行きます。ですから、お昼の時間が12時の日もあれば、14時ごろになる日もあるのです。

つまり、「きみさんち」では、家事でも何でも、お年寄りが自分で気がついて、自分の生活を構築するのです。困ったら、まず仲間であるお年寄り同士で協力し、助けあい、それでもだめなときに、はじめて介護者が出て行くわけです。ですから、お年よりにどこで声をかけるか、助けを出すか、その間合いがとても難しいですね。まず、介護者になりきっている自分を否定し、自分がどこまで変われるか、今でも挑戦中です。

「生きている」お年寄りたち

特養のお年よりは、極端な話、ちょこんと座ってニコニコしていれば、介助者が全部世話をしてくれて、自動的に生きられる。でも、それは、ただ、「生かされている」だけだと、「きみさんち」で働き始めて思うようになりました。

「きみさんち」のお年寄りは、けっしてニコニコとおとなしくなんかしていない。仲間同士で喧嘩もすれば、いがみあいもあります。スタッフに文句も言います。でも、だからこそ「生かされている」のではなく、「生きている」という感じがするのです。ギラギラとした生のエネルギーが伝わってくるのです。それは、やはり、生活を自分で行っているから。自分で動かなければ生活できない環境にいるからだと思います。

介護福祉士の仕事をとおして、「介護されるお年寄り」をつくってしまったのではないかと、後悔している面もあります。高齢者を見続けてきた者として、介護予防の点からも「自立」「自活」していくという意識が大切だと、改めて思っています。

しかし、そのためには、高齢になってからでは遅いのです。子どもの頃から、自立した個の意識をもつような「人間教育」がなされなければ、いくら優れた福祉制度や施設ができても、ただ「生かされている」だけのお年寄りは減らないのではないかと思います。

まさに、「介護とは、人間が生きるということの本質を問う作業」「興味の尽きない奥の深い仕事だ」と改めて感じるのです。

お役立ち情報

●国家試験に必ず役立つ福祉用語集
●介護福祉士養成施設リスト

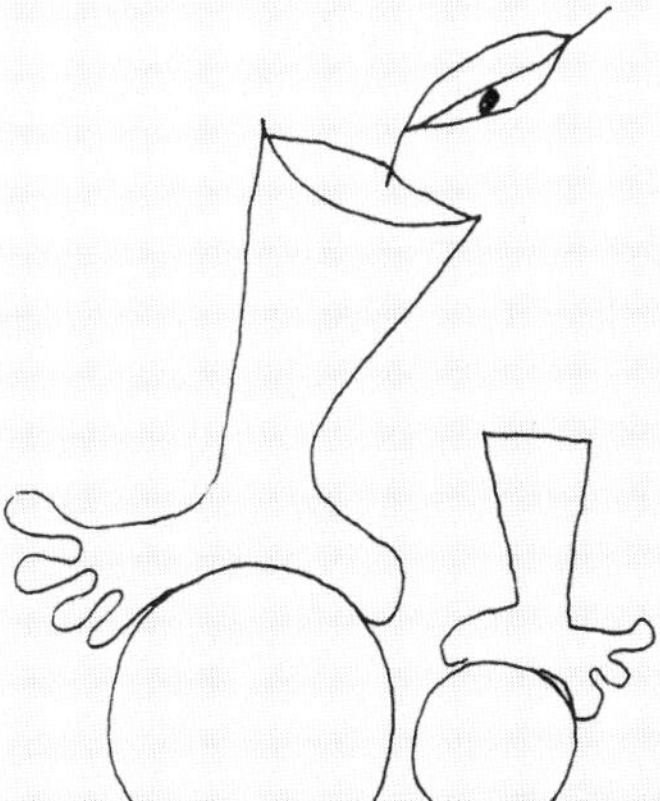

国家試験に必ず役立つ福祉用語集

選択問題が中心の介護福祉士の国家試験においては、なるべく多くの専門用語の意味を把握しておくことが非常に重要だ。国家試験に際し、最低限把握しておくべき福祉用語をセレクトした。試験前のチェックに役立ててほしい。

ア

【アイエーディーエル（IADL）】

手段的ADL、道具的ADLと約される。ADLが食事、入浴、排泄等の日常的な基本動作であるのに対し、IADLはバスに乗って買い物に行く、電話をかける、食事の仕度をする、家計を管理する等のように、より広義かつADLで使用する動作を応用した動作が必要な活動をさす。

【アウトリーチ】

アウトリーチとは手を伸ばす・手を差し伸べるという意味で、社会福祉の実施機関がその職権によって潜在的な利用希望者に手を差し伸べ、利用を実現させるような取り組みのこと。

【アクセスフリー】

公共の建築物などで、身体障害者の利用にも考慮した設計のことをいう。


【アクティビティ・サービス】

利用者の日常生活の心身の活性化のための、さまざまな活動（アクティビティ）を提供するサービス。


【アグレッシブ・ケースワーク】

問題をもち、社会福祉施設・機関の援助が必要であるにも関わらず、援助を求めない対象者に対し、援助側が積極的に働きかけ、家庭訪問などによって、問題解決に取り組む個別援助活動のこと。


【アセスメント】

介護過程の第一段階において、利用者が何を求めているのか正しく知ること、そしてそれが生活全般の中のどんな状況から生じているかを確認すること。


【アルツハイマー型痴呆】

1906年、A. アルツハイマーによって報告された、痴呆を主症状とする原因不明の脳の器質的疾患。


【意識混濁】

意識の清明さが低下した状態。うとうとしており、刺激があれば覚醒する状態（傾眠）、かなり強い刺激で反応するが覚醒しない状態（昏眠）、外界の刺激には全く反応がなく、精神活動が停止している状態（昏睡）がある。


【移乗動作】

ベッド↔車いす、車いす↔便器等の乗り移りの動作。移動前と移動後の平面が変わるときに用いる。


【移動介助】

自力での移動が不能（困難）な患者や高齢者、障害者の移動を助ける行為。

【イネーブラー】

イネーブラーとは「可能にする人」という意味。ソーシャルワーカーの役割のひとつで、援助を受ける利用者自身が、自分の問題や課題を解決するのを可能にする人という意味で用いられる。


【医療ソーシャルワーカー】

保健・医療機関に従事するソーシャルワーカーをいう。疾病や心身障害等によって生じる患者や家族の諸問題、具体的には経済、職業、家族生活等の問題を調整・解決するために社会保障、社会福祉サービス等の社会資源を紹介・活用して患者・家族が自立できるように援助するのが役目である。


【インテグレーション】

社会福祉の対象者に対し、対象者が他の人と差別なく地域社会と密着した中で生活できるように援助すること。また地域の中でハンディキャップをもった人が日常生活に支障をきたさないように、地域住民、関連機関・団体が中心になって問題解決に当たること。


【インフォーマル・ケア】

近隣や地域社会、ボランティア等が行う非公式的な援助のことをいう。↕フォーマル・ケア

【インフォームドコンセント】

患者が病気について十分な説明を受け、了解したうえで、医師とともに治療法などを決定していくことをいう。


【運営適正化委員会】

都道府県の区域内において、福祉サービス利用援助事業の適正な運営を確保するとともに、福祉サービスに関する利用者等からの苦情を適切に解決するため、都道府県社会福祉協議会に置かれる機関。


【エーディーエル（ＡＤＬ／日常生活動作）】

人間が毎日の生活を送るための基本的動作群のこと。具体的には①身の回りの動作（食事、更衣、整容、トイレ、入浴の各動作）②移動動作③その他の生活関連動作（家事、運転）がある。

【エーピーディーエル（ＡＰＤＬ）】
activities parallel to daily livingの略。生活関連活動と訳される。食事、排泄、整容といった日常生活の基本動作をＡＤＬ（日常生活動作）と呼ぶのに対し、ＡＰＤＬは、調理、掃除、選択などの家事動作や買い物、交通機関の利用などＡＤＬよりも広い生活圏での活動をさす。

【エコマップ】
社会福祉の領域では、福祉的なニーズ・課題をもった人に対して、どのような社会資源があるかをマップにして、その相関関係を表わした表のこと。

【エヌピーオー（ＮＰＯ）】
民間非営利組織。社会福祉協議会、ボランティア団体、福祉公社、協同組合等の営利を目的としない団体を指す。

【エバリューエーション】
事後評価。福祉的援助の終了時または一段落したときに、今までの援助過程について、効果の判定、欠点、将来予測および今後の改善点を当事者とともに検討することをいう。↕アセスメント

【嚥下障害（えんげしょうがい）】
飲食物がうまく飲み込めない、むせる、飲み込んだものが食道につかえるといった障害をいう。

【エンゼルプラン】
「今後の子育て支援のための施策の基本方向について」という、１９９４年に策定された子育て支援10カ年計画。安心して養育できる

環境整備、家庭における子育てを社会全体で支援するシステム構築、子どもの利益の尊重を掲げ、仕事と育児の両立、多様な保育サービス、保健医療、住宅・遊び場の環境、ゆとりある学校教育と地域・家庭教育、養育費用の軽減、子育て支援の地域基盤の各領域における環境整備が示されている。

【エンパワメント】
障害をもった方、あるいは、その家族がより内発的な力をもち、自らの生活を自らコントロールできること、また、できるようになるプロセス。社会福祉援助において、クライアントが自らかかえる問題を主体的に解決しようとする力を引き出すこと。その力を与えること。または利用者がもっている潜在的能力を引き出すこと。

【オストメイト】
人工肛門・人工膀胱保有者のこと。

カ

【介護給付】
介護保険における、要介護認定を受けた被保険者（要介護者）に対する保健給付。

【介護認定審査会】
介護保険制度において、要介護認定・要支援認定の審査判定業務を行うために、市町村が設置する機関。

【介護保険施設】
介護保険法による施設サービスを行う施設で、都道府県知事の指定が必要である。介護保険施設には、①指定介護老人福祉施設、②介護老人保険施設、③指定介護療養型医療施設の3種類があり、施設サービス計画に基き、必要な介護および日常生活の世話を行う。

【介護保険法（介護保険制度）】
介護保険は、加齢に伴って体の機能の衰え、日常生活に支障が生じた人に、介護サービスを支給する新たな社会保険制度（2000年4月より実施）。

【介護マンパワー】

ホームヘルパー等の要介護者に対して専門的知識と技術をもって相談指導を行ったり、食事・排泄・入浴等の介護サービスを行う人々。

【介護老人保健施設】

介護保険法による介護保険施設の一種。病状が安定期にある要介護者に対し、施設サービス計画に基いて、看護や医学的管理下における介護、機能訓練、日常生活上の世話などを行う施設として、都道府県知事の許可を受けたもの。

【ガイドヘルパー】

身体障害者ホームヘルプサービス事業において、外出時の移動の介護等、外出時の付き添いを専門に行うヘルパー。

【簡易浴槽】

寝たきり高齢者等、入浴に介助が必要で自宅浴槽では対応できない人のための浴槽。巡回入浴車積載の移動浴槽や、折り畳み式、分割式エアポンプで膨らませるビニール製等があり、組み立てて使用する。

【機械浴】

特別養護老人ホームや身体障害者施設に設置された重度障害者用入浴機器を利用した入浴。

【義肢】

両手両足の欠損部分に装着し、人工的に補てんするための器具。

【ギャッチベッド】

ベッドの上半分あるいは下半分が手動または電動で簡単に自由に上げ下げできるベッド。

【仰臥位】

あおむけのこと

【クオリティ・オブ・ライフ（ＱＯＬ）】

「生活の質」「人生の質」「生命の質」などと訳される。病気を治しても、治療の副作用でハンディキャップを残すと、その後の生活にさまざまな支障を来すことになる。抗癌剤の副作用で腎臓や肝臓などの内臓に障害が残ったり、手術による傷痕などがあると、ＱＯＬは低下する。最近では、病気が治った後は、できるかぎり普通の生活に戻れるように考慮した治療を選択するようになっている。これをＱＯＬを考えた治療という。


【クライアント】

来談者。相談者。利用者。


【グループホーム】

地域社会の中にある住宅（アパート、マンション、一戸建て等）において、少人数のメンバーが一定の経済的負担を負って共同生活をする形態。同居あるいは近隣に居住している専任の介助者により、食事の提供、相談、その他の日常的生活援助が行われる。認知症対応型共同生活介護や、知的障害者地域生活援助事業、精神障害者地域生活援助事業、ファミリーグループホームなどがある。


【ケアカンファレンス】

事例の援助過程において、的確な援助を行うために、援助に携わる者が集まり、討議する会議のこと。


【ケアハウス】

老人福祉法に規定する経費老人ホームの一種。60歳以上の配偶者を有する者で、身体機能の低下、または高齢のため独立して生活するには不安がある方が、自立した生活を継続できるよう、構造や設備の面で工夫された施設。全室個室化されていること、車いすの利用が可能であることなど、プライバシーや自立した生活を尊重した構造となっている。生活相談や食事・入浴サービスなどを行うとともに、介護が必要になった場合は、外部の在宅福祉サービスの利用をしながら、自立した生活を送れるよう工夫された施設だ。

【ケアプラン】
個々のニーズに合わせた適切な保険・医療・福祉サービスが提供されるように、ケアマネージャーを中心に作成される介護計画のこと。

【ケアマネージャー】
援助のすべての過程において、利用者と社会資源の結び付けや関係機関・施設との連携など、生活困難な利用者が必要とする保険・医療・福祉サービスの調整を図る（ケアマネジメント）役割をもつ援助者のこと。

【ケアマネジメント】
高齢者や障害者でなんらかのニーズをもつ人に、迅速かつ効果的に、必要とされるすべての保険・医療・福祉サービスを受けられるように調整する援助方法。

【軽費老人ホーム】
老人福祉法に基づく老人福祉施設の一種。無料または低額な料金で高齢者を入所させ、食事の提供その他日常生活上必要な便宜を供与することを目的とする入所施設。利用の方法は利用者と施設長との契約による。

【ケース・スタディ（事例研究）】
社会福祉援助において、サービス利用者の問題や性質が、援助過程でどのように対処されたかを観察・分析することで、援助方法の一般性を研究しようとするもの。

【ケースワーカー】
社会生活の中で困難や問題をかかえ、専門的な援助を必要としている人に対して、社会福祉の立場から、個別事情に即して課題の解決や緩和のために助言、支援する援助者のこと。


【交感神経】

血管を収縮させるだけでなく、身体全体を緊張、あるいは興奮状態にする自律神経。


【後期高齢者】

75歳以上を後期高齢者(オールド・オールド)という。↓前期高齢者

【公的扶助】

保険料等の負担を必要とせず、国または地方公共団体がすべて公費により行う公的救済のこと。


【高福祉・高負担】

国民の福祉を充実するためには、国民の税等の負担が高くなるのが必然であるという考え方。


【高齢社会】

総人口に対して高齢者（65歳以上の方）の割合が高くなっている社会をいう。国際連合の分類では65歳以上人口の比率が7％を越えた社会を「高齢化した社会」としている。


【高齢者世帯】

65歳以上の者のみで構成されるか、もしくはこれに18歳未満の未婚の者が加わった世帯をいう。


【高齢者世話付住宅】

シルバーハウジング

【高齢者総合人材センター（シルバー110番）】

いわゆるシルバー110番といわれるもので、高齢者およびその家族が抱える各種の心配ごと・悩みごとを解決するため、各種情報を収集、整理し、電話相談・面接相談に応じるほか、福祉機器の展示等も行っている。各

都道府県に1カ所設置されており、プッシュホンで「#8080（ハレバレ）」を押せば地域のセンターにつながるようになっている。

【コーディネーター】

仕事の流れを円滑にする調整者のこと。社会福祉の援助において、他の職種とのチームワークが不可欠であるが、その際にその人たちとの調整をする。

【ゴールドプラン】

21世紀の高齢化社会を国民が健康で生きがいをもち安心して生涯を過ごせる社会としていくため、高齢者の保健福祉の分野における公共サービスの基盤整備を図ることとし、1989年（平成元年）12月に厚生・大蔵・自治3大臣の下で策定された高齢者保健福祉推進10カ年戦略。1994年（平成6）にゴールドプランを見直した「新ゴールドプラン」が策定される。

【ゴールドプラン21】

「今後5カ年間の高齢者保健福祉施策の方向」のこと。介護保険制度が始まる2000年（平成12）4月から5カ年間の介護サービス基盤整備などを盛り込んだ高齢者保健福祉計画。①活力ある高齢者像の構築、②高齢者の尊厳の確保、③支え合う地域社会の形成、④利用者から信頼される介護サービスの確立、の4つの柱を基本的な目標として掲げる。介護サービスの基盤整備と生活支援対策などが位置付けられ、「新ゴールドプラン」には盛り込まれていなかったグループホームの整備を具体的な施策として掲げている。

【コミュニティーワーカー】

社会福祉に関する専門的知識を有し、地域援助技術等を活用して、地域援助に当たる専門職者。その業務は、住民参加による地域組織化活動や地域間での連絡・調整、住民への福祉教育など地域援助に係る種々の活動がある。具体的な職種としては社会福祉協議会の地域福祉活動指導員・専門員など。

【コンチネンス】

英語で「節制」「自制」の意味。「失禁を克服する」という意味でも使われる。

サ

【座位】

上半身を90度あるいはそれに近い状態に起こした姿勢をいう。

【在宅介護】

障害や老化のために生活を自立して行うことができない人が、自分の生活の場である家庭において介護を受けること。またはその人に対して家庭で介護を提供すること。

【在宅介護支援センター】

介護福祉士や看護婦などが常時待機し、寝たきりなどのお年寄りをかかえた家族のために、各種介護相談に応じたり、福祉用具の展示・紹介などを行っている。原則として24時間態勢で相談に応じ、相談料は無料。また、家族やお年寄りに代わって在宅サービスを受けるために必要な申請手続きを行ってくれる。ケアマネージャーがいるところでは、介護保険の利用申請の代行も行う。

【在宅サービス】

自宅で生活する高齢者や身体障害者に対する援助サービスをいう。在宅医療・訪問看護等の保健医療サービスと、家事援助、給食・入浴等の社会福祉によるサービスがある。

【在宅3本柱】

在宅福祉の中心事業である居宅介護等事業（ホームヘルプサービス）、デイサービス事業、短期入所事業（ショートステイ）の3事業、つまり在宅生活支援事業をいう。


【最低基準】

施設処遇における建物・設備と運営に関する内容と基準を定めた規定。


【座位入浴】

入浴台等を利用して座った状態から入る入浴方法。


【作業動線】

作業者や物の動きを連続する線で表したもの。


【作業療法士（OT）】

作業療法を専門技術とすることを認められた者に付与される名称。（作業療法とは、身体または精神に障害のある者に対し、主としてその応用的動作能力または社会的適応能力の回復を図るため、手芸、工作、その他の作業を行わせること。）


【作話】

実際に経験しなかったことを、自分があたかも経験したように話すこと。


【残存能力】

障害をもっている者が残された機能を用いて発揮することができる能力をいう。


【事後評価】

介護上の問題が解決されたか否かを、目標に基いて監査すること。


【自助具】

身体障害者や高齢者などが残存能力を活用しても日常生活動作を遂行できないときに、これを可能にするよう考案された補助的器具や道具。


【事前評価】

アセスメント

【市町村保険センター】

国民の健康づくりを推進するため、地域住民に密着した健康相談、健康教育、健康診断等の対人保健サービスを総合的に行う拠点。

【失語症】

大脳の言語野が損傷されることによって生ずる言語機能の障害。すでに獲得していた、言語を話したり、聞いたり、書いたり、読んだりすることができなくなる。

【褥瘡（じょくそう）】

長期間の臥床等により、体の骨ばった部分に接続的な圧迫が加わり、血液の循環障害を生じて組織が壊死（えし）すること。

【社会的入院】

医療が終わって退院できる状態にある高齢者が、「家庭の事情」などで病院に長期入院している状態。

【社会的不利】

障害のために、大多数の人々に保障されている生活水準、社会活動への参加、社会的評価などが不利となっている状態を示す。

【社会福祉】

広義では、社会全体の幸福・繁栄の意味であり、歴史的には、慈善、社会事業がその先行概念といえる。時代、立場、人によってさまざまな定義づけがなされている。

【社会福祉協議会】

社会福祉法に基づく社会福祉法人の一つ。だれもが安心して楽しく暮らせる「人にやさしい福祉のまちづくり」を進めるために、地域住民やボランティア・福祉・保健等の関係者、行政機関の協力を得ながら、ともに考え実行していく民間の社会福祉団体。民間組織としての「自主性」と、広く住民の人たちや社会福祉関係者に支えられた「公共性」という2つの側面を併せもっている。主な活動としては、在宅福祉サービスの実施、高齢者・障害者・児童福祉活動、生活福祉資金の貸付け等がある。社会福祉協議会を略して「社協」という。

【社会福祉士】

「社会福祉士及び介護福祉士法」によって創設された福祉専門職の国家資格。身体上もしくは精神上の障害があること、または環境上の理由により、日常生活を営むことに支障がある者の福祉に関する相談に応じ、助言、指導、その他の援助を行うことを業とする。

【社会福祉法】

社会福祉を目的とする事業の全分野における共通的基本事項を定め、福祉サービス利用者の利益の保護、および地域福祉の推進などを図り、社会福祉の増進に資することを目的とする法律。

【巡回型訪問介護】

訪問看護（ホームヘルプサービス）のサービス提供形態の一つ。利用者の住宅において、さまざまなサービス内容を組み合わせて1時間程度以上のサービスを行う「滞在型サービス」に対して、1日数回、利用者の生活時間にあわせて訪問し、排泄介助、体位変換、移動介助等について、その時間帯に応じたサービスを30分未満の短時間で行う。また、利用者の生活時間にあわせた訪問が必要なため、早朝・夜間はもとより、場合によっては深夜帯においてもサービス提供を行うため、24時間対応のサービスとして事業が行われることも多い。

【障害】

障害者福祉における「障害」とは、身体または精神の機能低下・異常喪失あるいは身体の一部の欠損など、心身の機能レベルの概念をいう。

【ショートステイ】

介護を行う者の疾病その他の理由により、居宅において介護を受けることができず、一時的な保護を必要とする重度身体障害者を、身体障害者厚生施設、身体障害者療護施設または身体障害者授産施設に、短期間（原則として7日以内）入所させ、必要な保護を行う事業。介護者である家族が、病気や旅行などによって高齢者などを介護できなくなったときに、特別養護老人ホームなどで、高齢者を一時的に預かる事業。

【自律神経】
心臓、肺、消化器等、意思とは無関係に働く内臓や血管に分布して、その働きを調節する神経。心身を活動に適した状態へと調節する交換神経と、休息に適した状態へと調節する副交感神経とからなり、この2つの神経系が互いに拮抗して全身状態の調節を行っている。

【シルバー110番】
→高齢者総合人材センター

【シルバー人材センター】
60歳以上の高年齢者が自立的に運営する公益法人で、会員である高齢者の能力や希望に応じて臨時的・短期的な仕事を供給する。

【シルバーハウジング（高齢者世話付住宅）】
高齢者（60歳以上）が地域の中で自立して安全かつ快適な生活を営むことができるように配慮された公的賃貸住宅をいう。住宅は、トイレ、浴室等を、高齢者の身体状況に考慮した構造とし、緊急通報システムを設置するなど安全面での配慮を行うとともに、生活相談・団らん室を設けるなどの工夫がなされている。

【シルバーマーク制度】
シルバーマーク振興会が行う認定制度で、シルバーサービス（商品を含む）を安心して利用できるように、福祉適合性の観点から品質の基準を定め、この基準を満たすものについてシルバーマークを表示するものである。

【新ゴールドプラン】
「新・高齢者保健福祉推進10カ年戦略」。1994年（平成6）に「ゴールドプラン」を見直した新計画。高齢者介護対策の更なる充実を図るためにゴールドプランを前面的に見直し、ヘルパー数、福祉整備量などの整備目標を大幅に引き上げるとともに、今後、取り組むべき高齢者介護サービス基盤の整備に関する施策の基本的枠組みを新たに策定したもの。計画は99年度で終了し、「ゴールドプラン21」が新たに策定された。

【ストマ】
ギリシャ語で「口」という意味。一般に人口肛門、人口膀胱（ぼうこう）の排泄口を表す用語として用いられている。

【ストレッチャー】
対象者を寝たまま移送する手押し車。

【清拭】
入浴できない要介護者の身体をタオル等で拭き、清潔に保つこと。

【成年後見制度】
痴呆性高齢者、精神障害者および知的障害者等、判断能力が不十分な人に対して、状態に応じて「補助人」「保佐人」「後見人」を選任し、本人を保護する制度。

【セラピスト】
療法士。治療関係の専門職のことで、理学療法士、作業療法士、言語治療士、運動療法士などをいう。また、心理的・精神的治療などの役割を果たすカウンセラーもこういわれることがある。

【前期高齢者】
65歳以上75歳未満を前期高齢者（ヤング・オ

ールド）という。

【相互扶助】

地域社会などにおいて、メンバー内に社会生活上の問題を抱える者が生じた場合、メンバーの自発的協力・協同によって援助を行うことをいう。

【ソーシャルワーカー】

一般的に、社会福祉従事者の総称として使われることが多いが、福祉倫理に基づき、専門的な知識・技術を有して社会福祉援助を行う専門職をさすこともある。専門的な知識・技術をもち、社会福祉援助を行う専門職。

【ソーシャルワーク】

社会福祉援助活動、社会福祉援助技術。ケースワークやグループワーク、コミュニティーワークなどがある。

タ

【ターミナルケア】

終末期の医療・看護・介護。治療の見込みがなく、死期が近づいた患者に対し、延命治療中心でなく、患者の人格を尊重した看護（ケア）中心の包括的援助を行うこと。

【体位変換】

寝たきり状態による同一体位の継続による苦痛や疲労を予防するため、介護者の助力によって、定期的に体位を変換させることをいう。

【短期入所】

→ショートステイ

【端座位】

ベット等の横に足を下ろした体位。

【地域リハビリテーション】

障害者が生活している地域において、必要なときに適切なサービスが受けられるよう、地域における総合的な各施設・機関が連携し、一貫したリハビリテーションの推進を図ろうというもの。

【デイケア】
介護老人保健施設や病院・診療所などで、日帰りで受ける心身機能の回復を目的としたサービスのこと。

【デイサービス】
在宅のお年寄り等に施設に通ってもらい、入浴、食事の提供、機能訓練介護方法の指導など各種の便宜を日帰りで提供するサービス。

【デイホスピタル】
在宅で介護されている患者に、昼間の間だけ治療やリハビリテーションを行う医療施設。

【摘便】
指を肛門から入れて、便を取り出すこと。

【特殊浴槽】
自力での入浴が困難な方が、寝たままなどで入浴できるように設計された入浴装置。

【特別養護老人ホーム（介護老人福祉施設）】
老人福祉法に規定する老人福祉施設の一種。65歳以上の者であって、身体上または精神上著しい障害があるため常時の介護を必要とし、かつ住宅においてこれを受けることが困難な者を入所させて、介護することを目的とする施設。

【特浴】
特殊浴槽を使った入浴のこと。

【トランスファー】
移乗動作のこと。ベッド↕車いす、車いす↕便器等の乗り移りの動作。移動前と移動後の平面が変わるときに用いる。

【トランスファーシート】
ベッドの上で、寝ている人の身体を上下や左右の方向に寄せたり、起こして車いすへ移乗させるなどの介護動作は、回数が多くなるほど介助者にとって負担は大きくなる。これらの動作を容易に行うための用具として、トランスファーシートがある。これは、内側が滑りやすく特殊加工された布性の筒型シートで、その上に介護される人の身体を載せて移動させる。シートは縦・横・斜めと自由自在に動くので、あらゆる方向への移動が身体を持ち上げずに楽にでき、介護者の介護負担の軽減、腰痛予防になる。

ナ

【日常災害】

日常生活において起こる事故。非常災害に対応して使われる。住宅内では、板の間で滑る、階段を踏み外すなどのこと。


【ニュースポーツ】

柔軟性のある競技規則と適度な運動量を備えていて、年齢や性別によるハンディが少なく、特別なトレーニングをしなくても簡易な用具を使いプレイを楽しめるスポーツをいう。


【認知症（痴呆）】

一度獲得した知識が、脳の器質的な障害により持続的に低下したり、失われることをいう。


【ノーマライゼーション】

障害者や高齢者など社会的に不利を負う人々を当然に包容するのが社会であり、そのあるがままの姿で他の人々と同等の権利を享受《きょうじゅ》できるようにするという考え方、方法。障害者や高齢者等ハンディキャップをもっている人も、またそうでない人も、みなが人間として普通（ノーマル）の生活を送ることができる社会こそノーマルだとする考え方。そのために、ともに支え合い、互いに尊重しながら生きる社会を作っていくというのが基本理念だ。

ハ

【パーキンソン病】

多くは40歳以後に発症し、手足のふるえ、筋の固さ、動作の遅さ、歩行の拙劣さ、転びやすさなどの症状がみられる病気。


【徘徊】

あてもなく、目的もなくさまよい歩くこと。痴呆症状のひとつとして現れることがある。


【排尿障害】

尿意を感じても尿を容易に出せない状態。


【排便障害】

便秘、下痢、便失禁をさす。


【廃用性萎縮】

寝たきりやケガによるギブス固定等で、筋肉の活動が長期にわたり行われないことによって起こる筋肉の縮小。寝たきり状態の固定化につながるため、マッサージ等で防止する。


【廃用性症候群】

心身の不使用が招くさまざまな機能低下。


【バスグリップ】

浴槽に取り付けられる手すり。浴槽への出入りや浴槽内での動作補助の役目を果たす。


【バリアフリー】

公共の建築物や道路、個人の住宅等において、障害のある人が社会生活をしていく上で障壁（バリア）となるもの（段差など）を除去し、お年寄りや障害者の利用にも配慮した設計のことをいう。具体的には、車いすで通行可能な道路や廊下の幅の確保、段差の解消、警告床材・てすり・点字の案内板の設置等があげられる。このような「物理的バリア」だけでなく、「情報のバリア」や「心のバリア」も大きな問題となっている。


【半座位】

ベッド上の上半身を45度程度あげた体位。

【ピアカウンセリング】

障害者が、自らの体験に基いて、同じ仲間である他の障害者の相談に応じ、問題解決を図ること。


【被保険者】

保険料を支払い、保険事故が生じたときに、保険給付の対象となる者をいう。


【フォーマルケア】

公的機関が行う制度に基いた社会福祉サービスのことをいう。↕インフォーマルケア

【フォローアップ】

個別援助において、援助の終結後、サービス利用者への援助効果やその後の状況を確認するために、追跡し、評価することをいう。


【副交感神経】

交感神経とは反対に、身体の緊張を解き、鎮静する方向に働く自律神経。


【福祉】

広くは福利、幸福を表す言葉。社会福祉と同義に使われたり、社会福祉公衆衛生、社会保障を包括した概念として使われるなど、必ずしも定義は定まっていない。しかし、社会福祉の目的概念として、健康で文化的な最低限度の生活を積極的に表すものとして、現代社会で定着している。


【福祉六法】

生活保護法、児童福祉法、身体障害者福祉法、知的障害者福祉法、老人福祉法、母子および寡婦福祉法の6つの法律をさす。


【福祉機器】

身体機能に衰えがみえる高齢者や身体障害者等の活動範囲を広げ、自立した生活を可能とすることや、介護の省力化等を目的として、製作・使用される用具・機器などをいう。


【福祉国家】

国民全体の福祉を目的とした国家のこと。「戦争国家」に対していう。歴史的には、第二次世界大戦後に社会保障の充実を図ったイギリスが福祉国家と呼ばれたところに始まる。


【福祉人材センター】

社会福祉事業従事者の確保を図ることを目的として設立された社会福祉法人で、社会福祉事業法に基き指定されたものをいう。各都道府県に1カ所ある

【福祉マンパワー】

社会福祉援助活動を支える人的資源(労働力)をいう。


【福祉用具貸与】

介護保険の給付対象となる在宅サービスのひとつ。要介護者または要支援者であって、在宅における介護を受ける者について行われる日常生活の自立を助けるための福祉用具の貸与。貸与する福祉用具としては、車いす、特殊寝台、褥瘡《じょくそう》予防用具、体位変換器、手すり、スロープ、歩行器、歩行補助つえ、痴呆性老人徘徊感知機器、移動用リフトが定められている。


【部分浴】

体の一部分だけを湯につけて洗うこと。


【プライマリケア】

診療所など住民に身近な医療機関が行う、健康相談や診療等の「日常的な保健・医療サービス」のこと。


【ペースメーカー】

心臓に電気刺激を周期的に与えて収縮させ、心拍を正常に保つ装置。


【訪問看護】

看護者が対象者の自宅を訪ね、その生活の場の中で展開する看護活動をさす。


【ポータブルトイレ】

室内用の持ち運べる腰掛け便器。

【ホームヘルパー】

高齢者、心身障害者（児）の家庭を訪問し、入浴・排泄・食事等の保護、衣類の洗濯、住居等の掃除、生活必需品の買い物、関連機関等との連絡、生活・身上・介護に関する相談・助言を業務とする職種。


【ホームヘルプサービス（訪問介護）】

高齢者、障害者、難病患者等を対象に、家庭等にホームヘルパーを派遣し、入浴、排せつ、食事等の介護、調理、洗濯、掃除等の家事や生活等に関する相談・助言など、日常生活上の世話を行うサービス。


【保健所】

地域における公衆衛生の向上および増進を目的とした行政機関。


【ボランティア】

社会福祉において、無償性、善意性、自発性に基づいて技術援助・労力提供等を行う民間奉仕者。ボランティアの4原則は「自主性」「社会性」「無償性」「継続性」。

マ

【まだら痴呆】

記憶障害が著しいわりに、人柄・日常的判断力・理解力が、比較的保たれているむらのある知能の侵され方をいう。


【マルトリートメント】

大人（行動の適否の判断ができる子どもも含む）による子どもへの虐待と、不適切なかかわりを意味する。


【慢性疾患】

病気の経過が長く、症状の急激な変化は少ないが、完全に治療することも困難な疾患。


【マンパワー】

人間の労働力。人力。

【民生委員】

民生委員法に基づき、各市町村に置かれる民間奉仕者。厚生大臣により委嘱《いしょく》を受け、社会福祉に寄与する。


【盲導犬】

目が不自由な方の歩行を助けるために特別に訓練された犬。


【モデル事業】

正規の事業としてではなく実施される事業。方法論的に未確定な内容の事業、ニーズの予測が困難である事業等が試行的に実施され、結果によって正規の事業となったり廃止になったりする。


【モニタリング】

ケアマネジメントの一過程。ケアプランに照らして状況把握を行い、現在、提供されているサービスで十分であるか、不必要なサービスは提供されていないか等を観察・把握すること。


【問題行動】

情緒障害児や痴呆性老人が示す異常な行動をさして迷惑行動・問題行動と呼ぶ。

ヤ

【有料老人ホーム】

常時10人以上のお年寄りを入所させ、食事の提供、その他の日常生活上必要な便宜を供与することを目的とする施設で、老人福祉施設でないものをいう。


【ユニットケア】

施設で個室をもつ入居者10人程が1つのユニットを作り、食事や入浴、施設内の行事などの日常生活をともに送り、家庭的な雰囲気の中で介護を行うスタイル。1人ひとりの個性や生活のリズムに沿いつつ、他の人と人間関係を築きながら生活できるような介護をめざしている。

【ユニバーサルデザイン】

障害をもつ人・もたない人の区別はなく、すべての人にとって使いやすい形状や機能が配慮された造形、設置。

【要介護者】

①要介護状態にある65歳以上の者、②要介護状態にある40歳以上65歳未満の者であって、要介護の原因である障害が特定疾病による者をさす。

【要介護状態】

介護保険法の定義によれば、「身体上または精神上の障害があるために、入浴、排せつ、食事等の日常生活における基本的な動作の全部または一部について、6カ月継続して、常時介護を要すると見込まれる状態」。要介護状態は、要支援状態よりも介護の必要の程度が重度であり、その区分は、介護の必要度により5つに区分される。

【要介護度】

要介護状態区分ともいう。介護保険制度において、要介護状態を介護の必要の程度に応じて定められた区分。要支援を除き、部分的介護を要する状態まで、要介護1～5の5区分になっている。

【養護老人ホーム】

65歳以上の者であって、身体上、精神上または環境上の理由および経済的理由により、居宅において養護を受けることが困難な者を入所させて、養護することを目的とする入所施設。

【要支援者】

だいたい6カ月以上、身支度や掃除、買い物などの日常生活を営むのに、支援が必要な状態にあり、「要介護」の前段階にあると判断された人。

ラ

【リウマチ】

筋肉、腱、関節の運動器の疾患をいう。


【理学療法】

身体に障害のある方に対し、主として基本的動作能力の回復を図るために、治療体操その他の運動を行わせたり、電気刺激、マッサージ、温熱その他の物理的手段を加えることをいう。


【理学療法士（PT）】

理学療法を専門技術とすることを認められた、医学的リハビリテーション技術者に付与される名称。


【立位入浴】

立った状態から、またいで入る入浴方法。


【リハビリテーション】

心身に障害をもつ方の人間的復権を理念として、障害者の能力を最大限に発揮させ、その自立を促すために行われる専門的技術のことをいう。


【リハビリテーションソーシャルワーカー】

リハビリテーションの過程で、社会福祉援助活動を行う者のことをいう。まだ、限定された職種ではなく、ソーシャルワーカー、生活指導員、医療ソーシャルワーカー、カウンセラー等と称される職種が関わっている。


【リハビリテーションセンター】

障害者の機能回復訓練から社会復帰までの一貫した援助サービスを行う施設の通称。来談者の受理、診断・評価、心理的援助、更正意欲の促進、適応能力開発訓練、グループワーク等を通じて、自立性・共存性の向上を図る。


【リフトバス】

障害をもっている方の送迎を行うために、車体の後部や側部に車いす用のリフト（上下移動装置）を設置した改造バス。

【レジデンシャルワーク】

社会福祉施設での、入所者への援助において、施設の生活を通常の在宅での生活に近いものにすることを目的とした援助活動をいう。施設内での援助だけでは一般社会と隔絶したものになるため、近隣の社会活動に積極的に参加することで社会的に適応させ、社会復帰を図ろうとするもの。

【老人福祉施設】

高齢者の福祉を図る施設の総称で、老人デイサービスセンター、老人短期入所施設、養護老人ホーム、特別養護老人ホーム、軽費老人ホーム、老人福祉センターの6種がある。

【老人ホーム】

老人福祉施設の一形態で、養護老人ホーム、特別養護老人ホーム、軽費老人ホーム、有料老人ホームがある。前二者は措置施設。軽費老人ホームは地方公共団体または社会福祉法人が経営する契約施設。有料老人ホームは純然たる民間の契約施設。

【老老介護】

高齢者が高齢者を介護していること。

【ロフストランド・クラッチ】

握力が弱く、一本杖を利用できない方でも使用できるように、握りの部分と前腕を支持するカフで構成されている杖。

ワ

【ワーカビリティ】

理学療法を専門技術とすることを認められた医学的リハビリテーション技術者に付与される名称。

【ワークショップ】

単に講義形式で学ぶだけでなく、何かをテーマに参加者が互いの意見を出し合い、ともに学び、作り出したりしていく、グループによる学びと創造のスタイル。

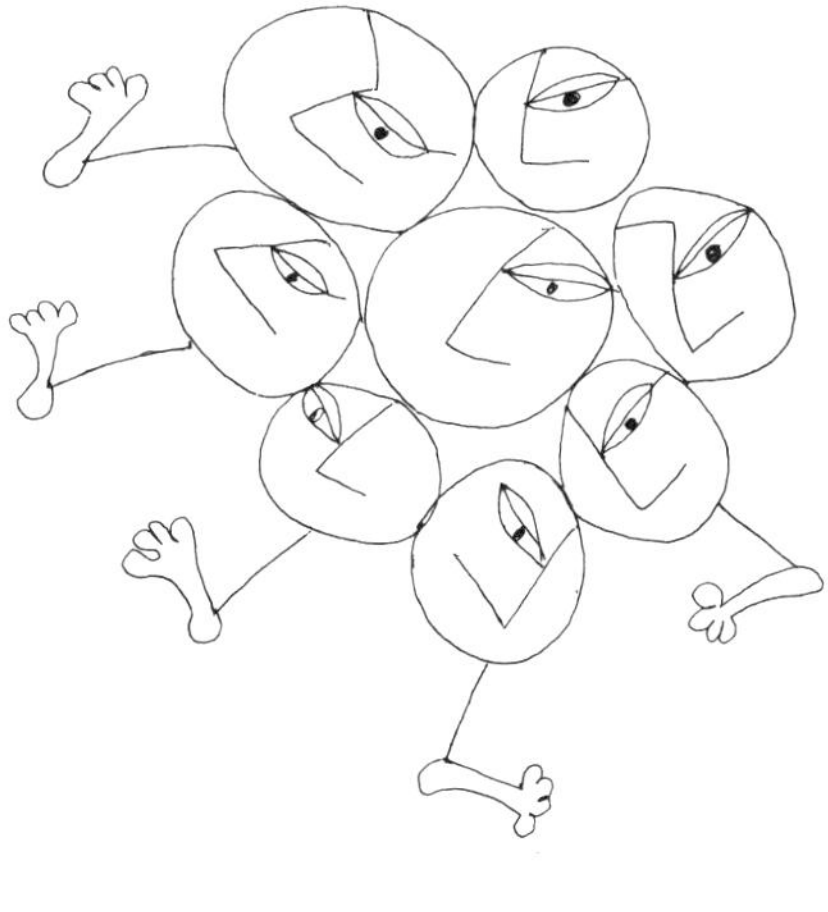

介護福祉士養成施設リスト

1年制			
北海道			
函館大谷短期大学	専攻科(福祉専攻)	函館市鍛治1-2-3	0138-51-1786
吉田学園総合福祉専門学校	介護福祉学科(1年)	札幌市中央区南3条西1丁目	011-272-6070
旭川大学女子短期大学部	専攻科福祉専攻	旭川市永山3条23丁目	0166-48-3121
釧路専門学校	介護福祉専攻科	釧路市昭和中央2-7-3	0154-51-3195
國學院短期大学	専攻科福祉専攻	滝川市文京町3-1-1	0125-23-4111
青森県			
青森中央短期大学	専攻科福祉専攻	青森市横内字神田12	017-728-0121
弘前女子厚生学院	介護福祉科	弘前市御幸町8-10	0172-33-2102
宮城県			
仙台医療福祉専門学校	介護福祉専攻学科II類	仙台市青葉区中央4-7-20	0120-200-941
山形県			
羽陽学園短期大学	専攻科福祉専攻	天童市清池1559	023-655-2385
福島県			
いわき短期大学	幼児教育科専攻科福祉専攻	いわき市平鎌田寿金沢37	0246-35-0438
福島学院短期大学	専攻科福祉専攻第一部	福島市宮代乳児池1-1	024-553-3221

茨城県			
茨城女子短期大学	専攻科福祉専攻	那珂市東木倉960-2	029-298-0596
栃木県			
足利短期大学	専攻科福祉専攻	足利市本城3-2120	0284-21-8242
群馬県			
群馬社会福祉専門学校	介護福祉専攻科	前橋市元総社町152	027-253-0345
千葉県			
聖徳大学短期大学部	専攻科介護福祉専攻	松戸市岩瀬550	047-366-5551
東京都			
彰栄保育福祉専門学校	介護福祉専攻科	文京区白山4-14-15	03-3941-2613
白梅学園短期大学	専攻科福祉専攻	小平市小川町1-830	042-342-2311
町田福祉専門学校	介護福祉専攻科	町田市中町2-10-21	042-722-0313
貞静学園保育福祉専門学校	介護福祉専攻科	文京区小日向1-26-13	03-3944-9811
道灌山学園保育福祉専門学校	介護福祉士専攻科	荒川区西日暮里4-7-15	03-3828-8478
愛国学園保育専門学校	介護福祉士専攻科	江戸川区西小岩5-7-1	03-3658-4111
神奈川県			
聖ヶ丘教育福祉専門学校	介護福祉士専攻科	横浜市保土ヶ谷区常盤台66-18	045-335-2312
鶴見大学短期大学部	専攻科福祉専攻	横浜市鶴見区鶴見2-1-3	045-581-1001
新潟県			
新潟福祉医療専門学校	介護福祉専攻科（児童福祉）	新潟市槇尾1425	025-261-0383

新潟福祉医療専門学校	介護福祉専攻科(社会福祉)	新潟市槇尾1425	025-261-0383
長野県			
松本短期大学	専攻科福祉専攻	松本市笹賀3118	0263-58-4417
長野県福祉大学校	介護福祉学科	諏訪市清水2-2-15	0266-52-1459
文化女子大学長野専門学校	介護福祉専攻科	長野市上千田141	026-227-2090
飯田女子短期大学	専攻科福祉専攻	飯田市松尾代田610	0265-22-4460
石川県			
金城大学短期大学部	専攻科福祉専攻	白山市笠間町1200	076-276-4411
岐阜県			
中部学院大学短期大学部	専攻科福祉専攻	関市倉知4909-3	0575-24-2211
東海女子短期大学	専攻科福祉専攻	各務原市那加桐野町2-43	0583-82-1148
静岡県			
東海福祉専門学校	介護福祉科	磐田市立野2008-5	0538-37-1100
愛知県			
名古屋文化学園医療福祉専門学校	介護福祉専攻科	愛知郡長久手町長湫丁子田17-13	0561-62-4011
愛知文教女子短期大学	専攻科福祉専攻	稲沢市西町1-1-41	0587-32-5169
名古屋柳城短期大学	専攻科介護福祉専攻	名古屋市昭和区明月町2-54	052-841-2635
豊橋創造大学短期大学部	専攻科福祉専攻	豊橋市牛川町字松下20-1	0532-54-2111
大阪府			
大阪教育福祉専門学校	専攻科・介護福祉専攻	大阪市生野区林寺2-21-13	06-6719-0001

大阪城南女子短期大学	専攻科福祉専攻	大阪市東住吉区湯里6-4-26	06-6702-9783
キリスト教社会福祉専門学校	福祉専攻科	三島郡島本町山崎5-3-10	075-962-1115
関西医療技術専門学校	介護福祉専攻科	柏原市旭ヶ丘3-11-1	072-977-6061
大阪保健福祉専門学校	介護福祉専攻科	大阪市淀川区宮原1-2-47	06-6397-1841
奈良県			
奈良佐保短期大学	専攻科福祉専攻	奈良市鹿野園町806	0742-61-3858
鳥取県			
鳥取短期大学	専攻科福祉専攻	倉吉市福庭854	0858-26-1811
岡山県			
旭川荘厚生専門学院	福祉研究科	岡山市祇園地先	086-275-0145
中国短期大学	専攻科介護福祉専攻	岡山市庭瀬83	086-293-1100
美作大学短期大学部	専攻科介護福祉専攻	津山市北園町50	0868-22-7718
山口県			
宇部フロンティア大学短期大学部	専攻科保育福祉学専攻	宇部市文京町5-40	0836-35-9511
香川県			
香川短期大学	専攻科福祉専攻	綾歌郡宇多津町浜1-10	0877-49-5500
愛媛県			
今治明徳短期大学	専攻科福祉専攻	今治市矢田甲688	0898-22-7279
松山東雲短期大学	専攻科福祉専攻	松山市桑原3-2-1	089-931-6211

高知県			
龍馬ふくし専門学校	介護福祉学科	高知市北本町1-5-3	088-825-1800
福岡県			
北九州保育福祉専門学校	介護福祉専攻科	京都郡苅田町上片島1575	0930-23-3213
九州大谷短期大学	専攻科福祉専攻	筑後市蔵数495-1	0942-53-9900
東筑紫短期大学	保育学科専攻科介護福祉専攻	北九州市小倉北区下到津5-1-1	093-561-2136
精華女子短期大学	専攻科保育福祉専攻	福岡市博多区南八幡町2-12-1	092-591-6331
佐賀県			
佐賀短期大学	専攻科福祉専攻	佐賀市神園3-18-15	0952-31-3001
佐賀女子短期大学	専攻科福祉専攻	佐賀市本庄町本庄1313	0952-23-5145
大分県			
別府大学短期大学部	専攻科福祉専攻	別府市北石垣82	0977-67-0101
宮崎県			
宮崎医療管理専門学校	介護福祉専攻科	宮崎市田野町甲1556-1	0985-86-2271
宮崎女子短期大学	専攻科福祉専攻	宮崎郡清武町加納丙1415	0985-85-0146
沖縄県			
沖縄福祉保育専門学校	介護福祉科	那覇市松山1-10-1	098-868-5796
2（3）年制			
北海道			
札幌社会福祉専門学校	介護福祉科	札幌市中央区南11条西8-2-47	011-512-1321

専門学校日本福祉学院	福祉サービス科	札幌市豊平区月寒西二条5-1-2	011-853-2301
専門学校日本福祉学院	福祉総合科	札幌市清田区真栄434-1	011-885-6868
専門学校日本福祉学院	福祉環境科	札幌市豊平区月寒西2条5-1-2	011-853-2301
札幌医学技術福祉専門学校	介護福祉士科	札幌市西区西野4条6-11-22	011-665-2040
札幌医学技術福祉専門学校	社会福祉科	札幌市西区西野4条6-11-22	011-665-2040
北海道福祉衛生専門学校	介護福祉学科	室蘭市母恋北町1-5-11	0143-22-7722
北都保健福祉専門学校	介護福祉学科	旭川市緑が丘東1条2-1-28	0166-66-2500
北海道介護福祉学校	介護福祉学科	夕張郡栗山町湯地60	0123-72-6060
帯広大谷短期大学	社会福祉科介護福祉専攻	河東郡音更町希望が丘3-3	0155-42-4444
釧路福祉・情報専門学校	介護福祉科	釧路市緑ヶ岡1-10-42	0154-41-3800
旭川福祉専門学校	介護福祉科	上川郡東川町進化台785-22	0166-82-3566
吉田学園総合福祉専門学校	介護福祉学科	札幌市中央区南3条西1丁目	011-272-6085
吉田学園総合福祉専門学校	社会福祉学科	札幌市中央区南3条西1丁目	011-272-6085
吉田学園総合福祉専門学校	介護福祉学科(夜間)	札幌市中央区南3条西1丁目	011-272-6085
札幌医療秘書福祉専門学校	介護福祉科	札幌市中央区大通西18-1-8	011-633-2341
函館臨床福祉専門学校	介護福祉士科	函館市美原1-15-1	0138-43-1177
函館臨床福祉専門学校	社会福祉科	函館市美原1-15-1	0138-43-1177
旭川大学女子短期大学	生活学科生活福祉専攻	旭川市永山3条23-1-9	0166-48-3121
オホーツク社会福祉専門学校	介護福祉科	北見市常盤町3-14-10	0157-24-1560
釧路専門学校	介護福祉科	釧路市昭和中央2-7-3	0154-51-3195

大原医療福祉専門学校	介護福祉学科	札幌市北区北六条西8-3-2	011-716-0294
帯広コンピュータ・福祉専門学校	介護福祉科	帯広市西十一条南41-3-5	0155-48-6000
駒沢大学看護福祉専門学校	介護福祉科	岩見沢市緑が丘5-102-3	0126-31-5122
札幌福祉専門学校	介護福祉科	札幌市東区北5条東8	011-712-0588
青森県			
東奥保育・福祉専門学院	介護福祉科	青森市勝田2-13	017-735-3353
八戸社会福祉専門学校	介護福祉科	八戸市常海町14-1	0178-46-2774
光星学院高等学校	専攻科介護福祉科	八戸市美保野13-117	0178-25-6322
弘前福祉短期大学	生活福祉学科	弘前市小比内3-18-1	0172-27-1001
岩手県			
盛岡社会福祉専門学校	介護福祉科	盛岡市菜園2-4-19	019-623-6173
専修大学北上福祉教育専門学校	福祉介護科	北上市鍛冶町1-3-1	0197-61-2131
盛岡医療福祉専門学校	介護福祉学科	盛岡市大沢川原3-5-18	019-624-8600
東日本社会福祉専門学校	介護福祉科	盛岡市厨川4-12-1	019-641-8566
宮城県			
仙台医療福祉専門学校	介護福祉学科	仙台市青葉区中央4-7-20	022-217-8877
仙台医療福祉専門学校	保育介護福祉科	仙台市青葉区五橋1-7-18	022-223-5141
東北文化学園専門学校	介護福祉科	仙台市青葉区国見6-45-16	022-233-8163
東北文化学園専門学校	総合介護福祉科	仙台市青葉区国見6-45-16	022-233-8163
仙台保健福祉専門学校	介護福祉学科	仙台市青葉区本町1-15-1	022-221-1115

長谷柳絮医療福祉専門学校	介護福祉科	仙台市青葉区支倉町2-55	022-223-3942
仙台医療秘書福祉専門学校	介護福祉科	仙台市宮城野区榴岡3-8-5	022-256-5271
東北福祉情報専門学校	介護福祉科	気仙沼市三日町2-2-15	0226-25-4855
秋田県			
秋田福祉専門学校	介護福祉学科	秋田市中通4-3-11	018-831-0294
秋田福祉専門学校	福祉専門学科	秋田市中通4-3-11	018-831-0294
秋田桂城短期大学	人間福祉学科	大館市清水2-3-4	0186-45-1719
日本赤十字秋田短期大学	介護福祉学科	秋田市上北手猿田字苗代沢17-3	018-829-3000
山形県			
山形短期大学	人間福祉学科	山形市片谷地515	023-688-2298
福島県			
福島介護福祉専門学校	介護福祉学科	二本松市若宮1-125-1	0243-22-7777
アイシーケア専門学校	介護福祉士学科	郡山市八山田6-33	024-935-0001
郡山健康科学専門学校	介護福祉学科	郡山市図景2-9-3	024-936-7777
茨城県			
リリー保育福祉専門学校	福祉学科	水戸市梅香2-1-44	029-226-0206
水戸教育福祉専門学校	介護福祉科	水戸市千波町中山2369-1	029-243-7804
つくば福祉専門学校	介護福祉科	土浦市東真鍋町20-16	0298-27-0125
技友ビューティ福祉専門学校	介護福祉科	古河市旭町2-11-6	0280-32-2676
いばらき中央福祉専門学校	介護福祉科	水戸市鯉淵町2222-2	029-259-9292

アール医療福祉専門学校	介護福祉学科	土浦市湖北2-10-35	029-824-7611
つくば国際短期大学	人間生活学科人間福祉専攻	土浦市真鍋6-7-10	0298-21-6125
筑波総合福祉専門学校	介護福祉学科	つくば市小野崎303-6	029-860-5055
栃木県			
国際介護福祉専門学校	介護福祉学科	宇都宮市大通り1-2-5	028-622-8199
中央福祉医療専門学校	介護福祉科	小山市土塔234-2	0285-28-2941
マロニエ医療福祉専門学校	介護福祉学科	栃木市今泉町2-6-22	0282-28-0030
両毛医療福祉専門学校	介護福祉学科	足利市田中町943-7	0284-70-1414
両毛医療福祉専門学校	介護福祉学科Ⅱ部	足利市田中町943-7	0284-70-1414
佐野短期大学	社会福祉学科介護福祉専攻	佐野市高萩町973	0283-21-1200
国際介護福祉専門学校	介護福祉学科	宇都宮市大通り1-2-5	028-622-8199
宇都宮短期大学	人間福祉学科介護福祉専攻	宇都宮市下荒針町長坂3829	028-649-0511
群馬県			
前橋医療福祉専門学校	介護福祉学科	前橋市石関町122-6	027-269-1600
大泉保育福祉専門学校	福祉科	邑楽郡大泉町日の出56-2	0276-62-5806
群馬パース福祉専門学校	介護福祉学科	渋川市上白井2564-6	0279-53-4800
群馬社会福祉大学短期大学部	介護福祉学科	前橋市川曲町191-1	027-253-0294
群馬松嶺福祉短期大学	人間福祉学科介護福祉専攻	太田市内ヶ島町1361-4	0276-30-2941
埼玉県			
平和学院衛生福祉専門学校	介護福祉士科	越谷市七佐町3-117-3	048-986-1271

共栄学園短期大学	社会福祉学科社会福祉学専攻	春日部市内牧4158	048-761-5801
秋草学園福祉教育専門学校	介護福祉科	所沢市東所沢1-11-11	042-946-1121
大川学園医療福祉専門学校	介護福祉科	飯能市下加治345	042-974-8880
埼玉福祉専門学校	介護福祉科	さいたま市大宮区仲町3-88-2	048-649-2331
埼玉福祉専門学校	介護福祉科II部	さいたま市大宮区仲町3-88-2	048-649-2331
平成福祉教育専門学校	介護福祉学科	桶川市上日出谷1129-8	048-787-1763
彰華学園総合専門学校	介護福祉科	北葛飾郡杉戸町大字並塚1643	0480-38-1810
浦和大学短期大学部	介護福祉科	さいたま市緑区大崎3551	048-878-5536
関東福祉専門学校	介護福祉科	鴻巣市中央23-10	048-542-3000
千葉県			
聖徳大学短期大学部	介護福祉学科第一部	松戸市岩瀬550	047-365-1111
聖徳大学短期大学部	介護福祉学科第二部	松戸市岩瀬550	047-365-1111
千葉福祉専門学校	介護福祉科	船橋市前原東1-16-3	047-477-1277
松山学園松山福祉専門学校	介護福祉科	松戸市秋山71	047-392-2211
江戸川大学総合福祉専門学校	介護福祉科	流山市駒木474	04-7155-2691
成田国際福祉専門学校	介護福祉士科	成田市郷部583-1	0476-26-1511
専門学校新国際福祉カレッジ	介護福祉科	四街道市山梨1316-1	043-432-2797
植草学園短期大学	福祉学科地域介護福祉専攻	千葉市若葉区小倉町1639-3	043-233-9031
中央介護福祉専門学校	介護福祉科	千葉市稲毛区緑町1-5-17	043-242-0201
京葉介護福祉専門学校	介護福祉学科	千葉市中央区今井2-13-1	043-262-7077

一葉福祉学院	介護福祉学科	成田市上町503	0476-20-1870
東京都			
東京福祉保育専門学校	社会福祉士学科	豊島区東池袋4-23-4	03-3987-5611
日本福祉教育専門学校	介護福祉学科	豊島区高田3-6-15	03-3982-2511
東京心理音楽療法福祉専門学校	介護福祉学科	豊島区目白5-20-24	03-5996-2511
帝京大学福祉・保育専門学校	介護福祉士養成科	板橋区加賀2-11-1	03-3964-4082
淑徳短期大学	社会福祉学科介護福祉専攻	板橋区前野町5-3-7	03-3966-7631
東京福祉専門学校	介護福祉科	江戸川区清新町2-7-20	03-3804-1515
東京福祉専門学校	介護福祉科夜間3年	江戸川区清新町2-7-20	03-3804-1515
東京福祉専門学校	健康福祉科	江戸川区清新町2-7-20	03-3804-1515
東京医療福祉専門学校	介護福祉科	中央区八丁堀2-29-15	03-3551-5751
東京YWCA専門学校	社会福祉科ケアワークコース	千代田区神田駿河台1-8	03-3293-5425
上智社会福祉専門学校	介護福祉士科	千代田区紀尾井町7-1	03-3238-3021
彰栄保育福祉専門学校	介護福祉科	文京区白山4-14-15	03-3941-2613
文京社会福祉専門学校	介護福祉学科	文京区小石川5-10-12	03-5689-8181
早稲田福祉専門学院	介護福祉士科	新宿区西早稲田2-4-7	03-5272-2120
白梅学園短期大学	福祉援助学科	小平市小川町1-830	042-342-2311
町田福祉専門学校	介護福祉学科	町田市中町2-10-21	042-722-0313
町田福祉専門学校	介護福祉学科Ⅱ部	町田市中町2-10-21	042-722-0313
町田福祉専門学校	総合福祉学科	町田市中町2-10-21	042-722-0313

品川介護福祉専門学校	介護福祉学科	品川区西品川1-28-3	03-5498-6364
東京医療秘書福祉専門学校	介護福祉科	文京区本郷3-23-16	03-3814-6936
東京医療秘書福祉専門学校	介護福祉科夜間3年	文京区本郷3-23-16	03-3814-6936
池見東京医療専門学校	介護福祉学科	品川区東大井4-12-10	03-5479-5371
世田谷福祉専門学校	介護福祉学科	世田谷区船橋7-19-17	03-3483-4106
東京国際福祉専門学校	介護福祉科	新宿区新宿1-11-7	03-3352-9280
東京YMCA医療福祉専門学校	介護福祉科	国立市富士見台2-35-11	042-577-5521
東京豊島医療福祉専門学校	介護福祉学科	豊島区南池袋2-8-9	03-3984-6220
早稲田速記医療福祉専門学校	介護福祉科	豊島区高田3-11-17	03-3208-8461
早稲田速記医療福祉専門学校	介護福祉科夜間部	豊島区高田3-11-17	03-3208-8461
東京介護福祉専門学校	介護福祉学科	葛飾区亀有5-41-10	03-5682-6655
織田福祉専門学校	介護福祉学科	杉並区高円寺南2-50-12	03-5377-7555
日商簿記三鷹福祉専門学校	介護福祉学科	三鷹市下連雀4-19-11	0422-44-6121
東京聖星社会福祉専門学校	介護福祉学科	品川区豊町2-16-12	03-3786-1751
山野美容芸術短期大学	美容福祉学科	八王子市鑓水530	042-677-0111
アルファ福祉専門学校	介護福祉士科	町田市森野2-15-13	042-729-1026
東京文化短期大学	生活学科生活福祉専攻	中野区本町6-38-1	03-3381-0197

神奈川県

横浜国際福祉専門学校	介護福祉学科Ⅰ部	横浜市青葉区さつきが丘8-80	045-972-3294
横浜国際福祉専門学校	介護福祉学科Ⅱ部	横浜市青葉区さつきが丘8-80	045-972-3294

湘南医療福祉専門学校	介護福祉士科Ⅰ部	横浜市戸塚区川上町84-1	045-820-1329
湘南医療福祉専門学校	介護福祉士科Ⅱ部	横浜市戸塚区川上町84-1	045-820-1329
聖ヶ丘教育福祉専門学校	介護福祉士養成科	横浜市保土ヶ谷区常盤台66-18	045-335-2312
和泉福祉専門学校	介護福祉科	相模原市大野台3-11-1	042-753-2311
YMCA健康福祉専門学校	介護福祉科	厚木市中町4-16-19	046-223-1441
神奈川社会福祉専門学校	介護福祉科	平塚市立野町1-10	0463-30-3231
茅ヶ崎看護福祉専門学校	介護福祉学科	茅ヶ崎市今宿390	0467-86-6011
YMCA福祉専門学校	介護福祉科	川崎市多摩区登戸3032-2	044-932-2015
新潟県			
北陸福祉・保育専門学院	介護福祉学科	長岡市福住1-5-25	0258-32-0288
長岡看護福祉専門学校	介護福祉科	長岡市上富岡町1961-21	0258-46-7711
新潟中央福祉専門学校	介護福祉科	加茂市学校町16-18	0256-53-3200
国際福祉医療カレッジ	介護福祉学科	新潟市古町通二番町547	025-229-6555
上越保健医療福祉専門学校	介護福祉科	上越市西城町1-12-17	025-522-7475
新潟福祉医療専門学校	介護福祉学科	新潟市槇尾1425	025-261-0383
新潟青陵大学短期大学部	人間総合学科介護福祉コース	新潟市水道町1-5939	025-266-0127
長野県			
長野社会福祉専門学校	介護福祉学科	長野市大字鶴賀28	026-223-2940
松本短期大学	介護福祉学科	松本市笹賀3118	0263-58-4417
国際福祉専門学校	介護福祉学科	松本市渚2-8-4	0263-29-1200

飯田女子短期大学	家政学科生活福祉専攻	飯田市松尾代田610	0265-22-4460
長野女子短期大学	生活科学科生活福祉専攻	長野市三輪9-11-29	026-241-0308
山梨県			
帝京医療福祉専門学校	介護福祉科	山梨市上神内川36-1	0553-22-6776
富山県			
富山短期大学	福祉学科	富山市願海寺水口444	076-436-5146
富山医療福祉専門学校	介護福祉学科	滑川市柳原149-9	076-476-1000
北陸ビジネス福祉専門学校	介護福祉学科	富山市西中野本町1-6	076-491-0705
富山福祉短期大学	社会福祉学科介護福祉専攻	射水市小杉町三ヶ579	0766-55-5567
石川県			
金沢福祉専門学校	介護福祉学科	金沢市久安3-430	076-242-1625
北陸学院短期大学	人間福祉学科	金沢市三小牛町イ11	076-280-3850
岐阜県			
中部学院大学短期大学部	社会福祉学科	関市桐ヶ丘2-1	0575-24-2211
豊田学園医療福祉専門学校	第一介護福祉学科	岐阜市東鶉2-69	058-274-3002
豊田学園医療福祉専門学校	第二介護福祉学科	岐阜市東鶉2-69	058-274-3002
サンビレッジ国際医療福祉専門学校	介護福祉学科	揖斐郡池田町白鳥104	0585-45-2220
東海女子短期大学	介護福祉学科	各務原市那加桐野町2-43	0583-82-1148
あじさい看護福祉専門学校	介護福祉学科	美濃加茂市川合町4-6-8	0574-28-2131

静岡県			
東海福祉専門学校	介護福祉科	磐田郡豊田町立野2008-5	0538-37-1100
東部福祉情報専門学校	介護福祉学科	沼津市高島本町12-22	055-926-1010
静岡県立大学短期大学部	社会福祉学科介護福祉専攻	静岡市駿河区小鹿2-2-1	054-202-2600
静岡福祉医療専門学校	介護福祉学科	静岡市駿河区森下町4-25	054-280-0173
静岡福祉医療専門学校	総合福祉学科	静岡市森下町4-25	054-280-0173
静岡福祉大学短期大学部	介護福祉学科	焼津市本中根549-1	054-623-7000
浜松医療福祉専門学校	介護福祉科	浜松市連尺町309-11	053-413-2008
愛知県			
日本福祉大学中央福祉専門学校	介護福祉士科	名古屋市中区千代田3-27-11	052-339-0200
専門学校日本聴能言語福祉学院	介護福祉学科	名古屋市中村区若宮町2-14	052-482-8788
名古屋文化学園医療福祉専門学校	介護福祉科	愛知郡長久手町長湫字丁子田17-13	0561-62-4011
愛知総合看護福祉専門学校	介護福祉科	愛知郡長久手町長湫字根嶽29-1	0561-63-7676
慈恵福祉保育専門学校	介護福祉学科	岡崎市大和町字中切1-9	0564-32-8811
名古屋福祉専門学校	介護福祉学科	名古屋市中区丸の内1-3-25	052-211-2231
名古屋福祉専門学校	介護福祉学科夜間課程	名古屋市中区丸の内1-3-25	052-211-2231
日本福祉大学高浜専門学校	介護福祉学科	高浜市春日町5-165	0566-52-8711
田原市立田原福祉専門学校	介護福祉学科	田原市田原町中小路11-1	0531-22-3939
中部福祉専門学校	介護福祉学科	豊川市馬場町上石畑61	0533-83-4000
名古屋福祉保育柔整専門学校	介護福祉学科	名古屋市中区丸の内2-6-4	052-222-5631

愛知江南短期大学	社会福祉学科	江南市高屋町大松原172	0587-55-6165
東海福祉総合専門学校	介護福祉科	名古屋市東区泉1-17-17	052-951-0121
名古屋保育・福祉専門学校	介護福祉科	名古屋市昭和区永金町1-1-15	052-882-0461
名古屋医療秘書福祉専門学校	介護福祉コース	名古屋市西区名駅2-18-17	052-561-1148
愛知新城大谷大学短期大学部	介護福祉学科	新城市川路字萩平1-125	0536-23-3311
名古屋文理短期大学	介護福祉学科	名古屋市西区笹塚町2-1	052-521-2251
あいち福祉専門学校	介護福祉学科	名古屋市熱田区金山町1-7-13	052-678-8101
岡崎女子短期大学	人間福祉学科	岡崎市中町1-8-4	0564-22-1295
三重県			
聖十字福祉専門学校	介護福祉士科	三重郡菰野町宿野1346	0593-94-3221
四日市福祉専門学校	介護福祉学科	四日市市山田町5491	0593-28-2906
四日市福祉専門学校	第二介護福祉学科	四日市市山田町5491	0593-28-2906
鈴鹿オフィスワーク医療福祉専門学校	介護福祉科	鈴鹿市住吉2-24-9	0593-70-0311
三重介護福祉専門学校	介護福祉士科	津市大谷町240	059-226-3131
ユマニテク福祉専門学校	介護福祉学科	四日市市浜田町13-29	0593-53-4311
さわやか福祉専門学校	介護福祉科	松阪市若葉町80-5	0598-50-3455
滋賀県			
滋賀文化短期大学	人間福祉学科介護福祉専攻	東近江市布施町29	0748-22-3388
華頂社会福祉専門学校	介護福祉科	大津市大萱6-4-10	077-544-5171
聖泉短期大学	介護福祉学科	彦根市肥田町720	0749-43-3600

福井県			
アイビー医療福祉専門学校	介護福祉科	福井市御幸1-5-20	0776-21-0001
専門学校ウェルフェア福井	介護福祉学科	福井市高柳町19-10-1	0776-52-5530
青池医療福祉専門学校	介護福祉科	小浜市小浜広峰108	0770-53-4194
京都府			
京都保育福祉専門学院	社会福祉科	京都市西京区樫原百々ヶ池3	075-391-6411
華頂短期大学	社会福祉学科介護福祉専攻	京都市東山区林下町3-456	075-551-1188
京都福祉専門学校	介護福祉科	宇治市小倉町春日森25	0774-21-7088
京都医療福祉専門学校	介護福祉科	京都市伏見区竹田段ノ川原町43-4	075-644-1000
京都短期大学	生活福祉科介護福祉専攻	福知山市西小谷ヶ丘3370	0773-22-5852
京都YMCA国際福祉専門学校	介護福祉学科	京都市上京区烏丸今出川下ル	075-432-3191
聖母女学院短期大学	国際文化学科国際福祉専攻	京都市伏見区深草田谷町1	075-643-6781
大阪府			
大阪教育福祉専門学校	介護福祉科第1部	大阪市生野区林寺2-21-13	06-6719-0001
大阪教育福祉専門学校	介護福祉科第2部	大阪市生野区林寺2-21-13	06-6719-0001
大阪コミュニティワーカー専門学校	コミュニティケア科第Ⅰ部	大阪市淀川区十三元今里1-1-52	06-6309-3232
大阪医療秘書福祉専門学校	介護福祉科	大阪市淀川区西中島3-4-10	06-6300-5767
大阪医療秘書福祉専門学校	介護福祉科夜間部	大阪市淀川区西中島3-4-10	06-6300-5767
関西社会福祉専門学校	介護福祉科	大阪市阿倍野区帝塚山1-2-27	06-6624-2518
大阪城南女子短期大学	人間福祉学科	大阪市東住吉区湯里6-4-26	06-6702-9783

天宗社会福祉専門学校	介護福祉科	大阪市平野区瓜破西2-10-30	06-6797-1821
南海福祉専門学校	介護福祉科	高石市千代田6-12-53	072-262-1094
箕面学園福祉保育専門学校	介護福祉科	箕面市箕面7-7-31	0727-23-6590
キリスト教社会福祉専門学校	介護福祉科	三島郡島本町山崎5-3-10	075-962-1115
近畿社会福祉専門学校	介護福祉科	守口市梅町9-3	06-6992-1111
大阪社会福祉専門学校	介護福祉科	貝塚市海塚343	0724-33-0415
藍野医療福祉専門学校	介護福祉学科	茨木市東太田4-5-7	072-626-2361
関西医療技術専門学校	介護福祉学科	柏原市旭ヶ丘3-11-1	0729-77-6061
大阪健康福祉専門学校	介護福祉学科	泉大津市東豊中町3-1-15	0725-46-0294
北大阪福祉専門学校	介護福祉学科	大阪市都島区東野田町4-2-7	06-6351-2097
大阪摂津福祉専門学校	介護福祉科	摂津市鳥飼下1-13-13	0726-54-2400
大阪保健福祉専門学校	介護福祉科（昼間部）	大阪市淀川区宮原1-2-47	06-6396-2941
大阪保健福祉専門学校	介護福祉科（夜間部）	大阪市淀川区宮原1-2-47	06-6396-2941
鴻池社会福祉専門学校	介護福祉科	東大阪市西鴻池町1-2-25	06-6745-1353
大阪薫英女子短期大学	生活科学科生活福祉専攻	摂津市正雀1-4-1	06-6383-6441
京阪奈社会福祉専門学校	介護福祉科	東大阪市豊浦町4-14	0729-86-2940
大阪医専	介護福祉学科	大阪市北区大淀中1-10-3	06-6452-0110
大阪医専	介護福祉夜間	大阪市北区大淀中1-10-3	06-6452-0110
東大阪大学短期大学部	家政学科生活福祉専攻	東大阪市西堤学園町3-1-1	06-6782-2884
大阪体育大学短期大学部	介護福祉学科	泉南郡熊取町朝代台1-1	0724-53-8800

四天王寺国際仏教大学短期大学部	生活科学科生活福祉専攻	羽曳野市学園前3-2-1	0729-56-9952
大阪健康福祉短期大学	介護福祉学科Ⅰ部	堺市堺区田出井町2-8	072-226-6625
大阪健康福祉短期大学	介護福祉学科Ⅱ部	堺市堺区田出井町2-8	072-226-6625
大阪国際福祉専門学校	介護福祉科	大阪市天王寺区夕陽丘町3-10	06-6771-4188
大原医療秘書福祉専門学校梅田校	介護福祉学科	大阪市北区太融寺町2-14	06-6130-7416
大阪千代田短期大学	総合コミュニケーション学科ケア・コミュニケーションコース	河内長野市小山田町1685	0721-52-4141
兵庫県			
関西保育福祉専門学校	介護福祉科	尼崎市昭和通1-20-1	06-6401-9891
神戸総合医療介護福祉専門学校	介護福祉科	神戸市須磨区友が丘7-1-21	078-795-8000
神戸介護福祉専門学校	介護福祉科	神戸市灘区楠丘町5-6-1	078-843-0810
頌栄人間福祉専門学校	介護福祉科	神戸市東灘区鴨子ヶ原3-32-20	078-842-2844
姫路福祉保育専門学校	介護福祉学科	姫路市手柄1-22	0792-81-0555
神戸医療福祉専門学校中央校	介護福祉士科	神戸市中央区多聞通2-6-3	078-362-1294
甲子園短期大学	家政学科生活福祉専攻	西宮市瓦林町4-25	0798-65-3300
播磨中央福祉専門学院	介護福祉士学科	加西市北条町北条348-1	0790-42-0100
賢明女子学院短期大学	福祉支援学科	姫路市大塩町2042-2	0792-54-5711
湊川短期大学	人間生活学科生活福祉専攻介護福祉士コース	三田市四ツ辻1430	079-568-1858
芦屋女子短期大学	文化福祉学科	芦屋市六麓荘町14-10	0797-23-0663
奈良県			
関西国際社会福祉専門学校	介護福祉科	天理市楢町543-1	0743-65-0828

奈良福祉専門学校	介護福祉学科	奈良市あやめ池北3-1452-12	0742-40-3888
関西学研医療福祉学院	介護福祉学科	奈良市右京1-1-5	0742-72-0600
奈良文化女子短期大学	福祉学科	大和高田市東中127	0745-52-0451
奈良佐保短期大学	生活科学科生活福祉専攻	奈良市鹿野園町806	0742-61-3858
和歌山県			
和歌山YMCA国際福祉専門学校	介護福祉士学科	和歌山市太田383	0734-73-3338
和歌山社会福祉専門学校	介護福祉科	有田郡広川町下津木1105	0737-67-2270
鳥取県			
YMCA米子医療福祉専門学校	介護福祉士科	米子市錦海町3-3-2	0859-35-3181
鳥取社会福祉専門学校	介護福祉科	鳥取市気高町日光969-1	0857-82-3776
岡山県			
旭川荘厚生専門学院	介護福祉科	岡山市西大寺浜610	086-944-6911
旭川荘厚生専門学院	介護福祉科夜間課程	岡山市西大寺浜610	086-944-6911
ベル総合福祉専門学校	介護福祉科	岡山市門田屋敷3-5-18	086-271-6001
順正短期大学	保健科保健福祉専攻	高梁市伊賀町8	0866-22-3517
岡山県立大学短期大学部	健康福祉学科・生活福祉専攻	総社市窪木111	0866-94-2111
新見公立短期大学	地域福祉学科	新見市西方1263-2	0867-72-0634
玉野総合医療専門学校	介護福祉学科	玉野市築港1-1-20	0863-31-6830
川崎医療短期大学	介護福祉科	倉敷市松島316	086-464-1032

広島県			
広島YMCA健康福祉専門学校	介護福祉士科	広島市中区八丁堀7-11	082-228-2797
広島YMCA健康福祉専門学校	3年制介護福祉科	広島市中区八丁堀7-11	082-228-2797
専門学校西広島福祉学院	社会福祉科	広島市安佐南区大塚東3-6-1	082-848-8451
IGL健康福祉専門学校	介護福祉学科	広島市安佐北区安佐町後山2415-6	082-838-3331
広島福祉専門学校	介護福祉科	安芸郡海田町大正町2-27	082-823-0110
広島福祉専門学校	介護保育科	安芸郡海田町大正町2-27	082-823-0110
福山福祉専門学校	介護福祉科	福山市吉津町12-27	084-922-3691
キャピタル国際福祉専門学校	介護福祉学科	三次市和知町1808-1	0824-66-3001
広島健康福祉技術専門学校	介護福祉士科	安芸郡府中町石井城1-10-15	082-288-8804
ヒューマンウェルフェア広島専門学校	介護福祉学科	広島市東区牛田新町3-15-38	082-224-2240
ヒューマンウェルフェア広島専門学校	第二介護福祉学科	広島市東区牛田新町3-15-38	082-224-2240
CACヒューマンウェルフェア福山専門学校	介護福祉学科	福山市引野町南1-6-35	084-946-5450
尾道YMCA福祉専門学校	介護福祉科	尾道市久保町1760-1	0848-37-2222
尾道YMCA福祉専門学校	社会福祉科	尾道市久保町1760-1	0848-37-2222
専門学校国際医療福祉総合学院	介護福祉学科	広島市中区上幟町8-18	082-223-1164
福山市立女子短期大学	生活学科生活福祉専攻	福山市北本庄4-5-2	084-925-2511
広島医療保健専門学校	保育介護福祉学科	広島市安佐南区大塚東3-2-1	082-849-6883
山口県			
宇部フロンティア大学短期大学部	健康福祉学科生活福祉学専攻	宇部市文京町5-40	0836-35-9560

山口福祉専門学校	介護福祉科	大津郡三隅町湯免301-1	0837-43-0111
山口福祉専門学校	社会福祉科	大津郡三隅町湯免301-1	0837-43-0111
中村女子高等学校	介護福祉専攻科	山口市大字黒川1280-1	0839-33-0680
防府福祉医療専門学校	介護福祉学科	防府市中央町1-8	0835-26-1122
下関福祉専門学校	介護福祉学科	下関市小月茶屋3-4-26	0832-83-0294
岩国YMCA国際医療福祉専門学校	介護福祉学科	岩国市麻里布町2-6-25	0827-29-2233
岩国YMCA国際医療福祉専門学校	介護・社会福祉学科	岩国市麻里布町2-6-25	0827-29-2233
山口芸術短期大学	保育学科介護福祉コース	山口市小郡町上郷	083-972-2880
徳島県			
四国大学短期大学部	生活科学科生活福祉専攻	徳島市応神町古川字戎子野123-1	0886-65-1300
徳島健祥会福祉専門学校	介護福祉学科	徳島市国府町東高輪天満347-1	088-642-9666
香川県			
瀬戸内総合学院	福祉学科	三豊市高瀬町大学通り	0875-72-5192
さぬき福祉専門学校	介護福祉学科	丸亀市飯野町東分2700	0877-21-8500
四国福祉専門学校	介護福祉学科	高松市上之町2-12-30	087-867-7676
香川短期大学	生活文化学科生活介護福祉専攻	綾歌郡宇多津町浜一番丁10	0877-49-5500
専門学校穴吹医療福祉カレッジ	介護福祉学科	高松市西の丸町14-10	087-823-5566
愛媛県			
今治明徳短期大学	生活科学科生活福祉専攻	今治市矢田甲688	0898-22-7279
松山医療福祉専門学校	介護福祉科	松山市竹原3-20-11	089-947-0802

松山総合福祉専門学校	介護福祉科	松山市衣山1-197-1	089-925-1072
愛媛医療福祉専門学校	介護福祉科	松山市柳井町3-3-13	0899-46-3388
松山東雲短期大学	生活文化学科生活福祉コース	松山市桑原3-2-1	089-931-6211
高知県			
高知福祉専門学校	介護福祉学科	高知市九反田8-15	088-884-8484
平成福祉専門学校	介護福祉学科	高知市針木北1-14-30	088-840-6111
福岡県			
麻生医療福祉専門学校	介護福祉科	飯塚市芳雄町3-83	0948-25-5999
福岡介護福祉専門学校	介護福祉科	福岡市西区愛宕4-2-28	092-882-7004
平岡介護福祉専門学校	介護福祉科	小郡市大保1433	0942-73-5666
北九州保育福祉専門学校	介護福祉科	京都郡苅田町上片島1575	0930-23-3213
国士舘大学福祉専門学校	介護福祉学科	太宰府市御笠5-3-1	092-924-1531
福岡YMCA国際ホテル・福祉専門学校	介護福祉科	福岡市城南区七隈1-1-10	092-831-1771
九州大谷短期大学	福祉学科	筑後市蔵数495-1	0942-53-9900
聖マリア学院医療福祉専門学校	介護福祉学科	久留米市津福本町422	0942-35-7271
麻生医療福祉専門学校北九州校	介護福祉科	北九州市戸畑区小芝3-3-1	093-882-0001
麻生医療福祉専門学校北九州校	ソーシャルワーカー科	北九州市戸畑区小芝3-3-1	093-882-0001
麻生医療福祉専門学校福岡校	介護福祉科	福岡市博多区博多駅南2-12-29	092-415-2294
麻生医療福祉専門学校福岡校	ソーシャルワーカー科	福岡市博多区博多駅南2-12-29	092-415-2294
第一介護福祉専門学校	介護福祉学科	筑紫野市二日市北3-10-1	092-929-3628

福岡医療秘書福祉専門学校	介護福祉科	福岡市博多区博多駅東1-16-22	092-481-3354
福智高等学校	介護福祉専攻科	田川市大字夏吉395-6	0947-46-2095
福岡医療短期大学	保健福祉学科	福岡市早良区田村2-15-1	092-801-0411
大川看護福祉専門学校	介護福祉学科	大川市酒見上城内391-5	0944-88-3433
アーバン医療福祉専門学校	介護福祉学科	北九州市小倉北区清水1-6-11	093-561-1001
福岡医健専門学校	介護福祉科	福岡市博多区石城町7-30	092-262-8664
西日本短期大学	社会福祉学科	福岡市中央区福浜1-3-1	092-721-1141
佐賀県			
佐賀短期大学	生活福祉学科	佐賀市神園3-18-15	0952-31-3001
佐賀女子短期大学	人間生活学科介護福祉専攻	佐賀市本庄町本庄1313	0952-23-5145
九州環境福祉医療専門学校	介護福祉士科	鳥栖市田代外町1526-1	0942-83-3312
九州環境福祉医療専門学校	ソーシャルワーカー科	鳥栖市田代外町1526-1	0942-83-3312
長崎県			
九州環境福祉医療専門学校長崎校	社会福祉専門課程介護福祉士科	諫早市幸町52-7	0957-23-7783
長崎女子短期大学	生活科学科生活福祉専攻	長崎市弥生町666	095-826-5344
長崎情報ビジネス専門学校	介護福祉科	長崎市元船町2-1	095-823-1199
熊本県			
熊本社会福祉専門学校	介護福祉科	熊本市国府2-6-16	096-362-7707
熊本YMCA学院	老人ケア科	熊本市新町1-3-8	096-353-6393
常盤家政調理師専門学校	介護福祉科	熊本市春竹町481	096-364-5203

大分県			
智泉総合福祉専門学校	介護福祉士学科	大分市荏隈1135	097-549-4551
大分介護福祉士専門学校	介護福祉士科	大分市勢家字芦崎1104-2	097-535-0201
別府溝部学園短期大学	介護福祉学科	別府市亀川中央町	0977-66-0224
宮崎県			
宮崎医療福祉専門学校	介護福祉学科	西都市大字清水1000	0983-42-1010
宮崎医療管理専門学校	介護福祉科	宮崎郡田野町甲1556-1	0985-86-2271
えびの高原国際専門学校	ソーシャルケア学科	えびの市榎田397	0984-35-2272
都城コンピュータ・福祉医療専門学校	介護福祉学科	都城市吉尾町77-8	0986-38-4811
宮崎福祉医療カレッジ	介護福祉学科	日南市木山2-4-50	0987-21-1510
宮崎保健福祉専門学校	介護福祉学科	宮崎郡清武町木原5706	0985-85-8551
鹿児島県			
鹿児島医療福祉専門学校	介護福祉学科	鹿児島市田上8-21-3	099-281-9911
加世田医療福祉専門学校	介護福祉士科	加世田市唐仁原1202	0993-53-2441
神村学園医療福祉専門学校	介護福祉学科	串木野市下名4460	0996-32-3232
鹿児島医療技術専門学校	社会福祉科	鹿児島市東谷山3-31-27	099-260-4151
鹿児島女子短期大学	生活科学科生活福祉専攻	鹿児島市紫原1-59-1	099-254-9191
奄美看護福祉専門学校	介護福祉学科	名瀬市小湊外金久338-2	0997-54-9111
城西プロフェッショナル・カレッジ	介護福祉科	鹿児島市薬師1-6-6	099-252-3111

沖縄県			
沖縄福祉保育専門学校	ヒューマン介護福祉科	那覇市久米1-5-17	098-868-5796
沖縄リハビリテーション福祉学院	介護福祉学科	島尻郡与那原町字板良敷1380-1	098-946-1000
沖縄アカデミー専門学校	介護福祉学科	豊見城市真玉橋387-1	098-850-0101
ソーシャルワーク専門学校	介護・社会福祉学科	中頭郡北中城村屋宜原212-1	098-933-8788
専門学校琉球リハビリテーション学院	介護福祉学科	国頭郡金武町金武4348-2	098-983-2130

4年制

北海道			
北翔大学	人間福祉学部介護福祉学科	江別市文京台23	011-386-8011
道都大学	社会福祉学部社会福祉学科介護福祉コース	北広島市中の沢149	011-372-3111
北海道医療大学	看護福祉学部臨床福祉学科介護福祉士養成コース	石狩郡当別町金沢1757	01332-3-1211
青森県			
青森大学	社会学部社会福祉学科介護福祉コース	青森市幸畑2-3-1	017-738-2001
岩手県			
岩手県立大学	社会福祉学部福祉臨床学科介護福祉コース	岩手郡滝沢村滝沢字巣子152-52	019-694-2000
宮城県			
東北文化学園大学	医療福祉学部保健福祉学科生活福祉専攻	仙台市青葉区国見6-45-16	022-233-3310
仙台大学	体育学部健康福祉学科介護福祉専攻	柴田郡柴田町船岡南2-2-18	0224-55-1017
仙台白百合女子大学	人間学部総合福祉学科生活福祉専攻	仙台市泉区本田町6-1	022-372-3254
東北福祉大学	総合福祉学部社会福祉学科社会福祉コース介護福祉士課程	仙台市青葉区国見1-8-1	022-233-3111

秋田県			
秋田看護福祉大学	看護福祉学部社会福祉学科	大館市清水2-3-4	018-645-1719
栃木県			
国際医療福祉大学	医療福祉学部医療福祉学科介護福祉士コース	大田原市北金丸2600-1	0287-24-3000
群馬県			
東京福祉大学	社会福祉学部社会福祉学科社会福祉専攻介護福祉コース	伊勢崎市山王町2020-1	0270-20-3672
創造学園大学	ソーシャルワーク学部ソーシャルワーク学科	高崎市八千代町2-3-6	027-328-6111
埼玉県			
十文字学園女子大学	人間生活学部人間福祉学科	新座市菅沢町2-1-28	048-477-0555
文京学院大学	人間学部人間福祉学科介護福祉コース	ふじみ野市亀久保1196	049-261-6488
東洋大学	ライフデザイン学部生活支援学科介護福祉士コース	朝霞市岡2-11-10	048-468-6402
千葉県			
帝京平成大学	情報学部福祉情報学科介護福祉専攻	市原市潤井戸字大谷2289-23	0436-74-1823
東京都			
日本社会事業大学	社会福祉学部福祉援助学科介護福祉コース	清瀬市竹丘3-1-30	0424-92-6111
大妻女子大学	人間関係学部人間福祉学科介護福祉学専攻	多摩市唐木田2-7-1	042-372-9988
東京家政学院大学	人文学部人間福祉学科・介護福祉専攻	町田市相原町2600	042-782-9811
神奈川県			
東海大学	健康科学部社会福祉学科介護福祉コース	伊勢原市下糟屋143	0463-93-1121
田園調布学園大学	人間福祉学部人間福祉学科介護福祉専攻	川崎市麻生区東百合丘3-4-1	044-966-9211

神奈川県立保健福祉大学	保健福祉学部社会福祉学科介護福祉士コース	横須賀市平成町1-10-1	045-210-5088
新潟県			
新潟青陵大学	看護福祉心理学部福祉心理学科福祉ケアコース	新潟市水道町1-5939-27	025-266-0127
山梨県			
身延山大学	仏教学部仏教福祉学科介護福祉コース	南巨摩郡身延町身延3567	0556-62-0107
石川県			
金城大学	社会福祉学部社会福祉学科介護福祉コース	松任市笠間町1200	076-276-4400
岐阜県			
中部学院大学	人間福祉学部健康福祉学科介護支援コース	関市倉知4909-3	0575-24-9818
静岡県			
聖隷クリストファー大学	社会福祉学部社会福祉学科介護福祉専攻	浜松市三方原町3453	053-439-1400
愛知県			
名古屋女子大学	家政学部生活福祉学科	名古屋市瑞穂区汐路町3-40	052-852-1111
京都府			
花園大学	社会福祉学部社会福祉学科福祉介護コース	京都市中京区西ノ京壺ノ内町8-1	075-811-5181
京都女子大学	家政学部生活福祉学科	京都市東山区今熊野北日吉町35	075-531-7083
大阪府			
梅花女子大学	現代人間学部人間福祉学科介護福祉専攻	茨木市宿久庄2-19-5	072-643-6221
羽衣国際大学	人間生活学部人間生活学科介護福祉専攻	堺市浜寺南町1-89-1	072-265-7000
大阪人間科学大学	社会福祉学科・介護福祉・社会福祉コース	摂津市正雀1-4-1	06-6381-3000

兵庫県			
近畿福祉大学	社会福祉学部介護福祉学科	神崎郡福崎町高岡1966-5	0790-22-2620
愛媛県			
聖カタリナ大学	社会福祉学部社会福祉学科介護福祉専攻	北条市北条660	089-993-0702
福岡県			
第一福祉大学	介護福祉学科	太宰府市五条3-10-10	092-918-6511
佐賀県			
西九州大学	健康福祉学部社会福祉学科介護福祉コース	神埼郡神埼町大字尾崎4490-9	0952-52-4191
長崎県			
長崎純心大学	人文学部現代福祉学科介護福祉コース	長崎市三ッ山町235	095-846-0084
長崎国際大学	人間社会学部社会福祉学科介護福祉クラス	佐世保市ハウステンボス町2825-7	0956-39-2020
熊本県			
熊本学園大学	社会福祉学部第一部社会福祉学科・介護福祉コース	熊本市大江2-5-1	096-364-5161
九州看護福祉大学	看護福祉学部社会福祉学科介護福祉士コース	玉名市富尾888	0968-75-1800
宮崎県			
九州保健福祉大学	東洋介護福祉学科	延岡市吉野町1714-1	0982-23-5555
鹿児島県			
鹿児島国際大学	福祉社会学部社会福祉学科介護福祉コース	鹿児島市下福元町8850	099-261-3211

今村 朋子（いまむら ともこ）プロフィール

教育、福祉関係のフリーライターであると同時に、障害者やその家族など、福祉当事者が、福祉情報の発信や福祉に関するコーディネイトをするグループ「アウトリーチ」を主宰。
E-mail　tomo77@gamma.ocn.ne.jp
URL　http://out-reach.sakura.ne.jp/

誰でもわかるシリーズ
ズバリ！ 介護福祉士
合格から仕事探しのポイントまで

2007年7月31日　第1刷発行
著　者　今村朋子
発行者　南　節子
発行所　㈱労働教育センター
〒101-0003
東京都千代田区一ツ橋2-6-2 日本教育会館
TEL.03-3288-3322　FAX.03-3288-5577

デザイン：㈱エムツーカンパニー
編集：古庄 弘枝
カバーデザイン：金子 眞枝
イラスト：火露絵

誰でもわかるシリーズ

ズバリ！ 社労士
合格から開業まで
泉沢 和之
四六判 本体価格１５００円

「社労士って何？」その答えが、高校生から退職者まで、だれにでもよくわかる入門ビジネス書。社労士の仕事内容から、社労士になるための勉強方法、合格後の道まで、分かりやすく解説。豊富な合格者の体験記と、著者の「開業日記」で、社労士の具体像がよくわかる。

ズバリ！ 司法書士
合格から開業まで
初瀬 智彦
四六判 本体価格１５００円

「人生の逆転がはかれる学歴不要の資格」「だれでも食べていける資格」など、一読するだけで、司法書士のメリットが一目瞭然。さらに、長年、受験指導をしてきた著者ならではの「司法書士試験」への的確なアドバイス、前線で活躍している多様な司法書士へのインタビューを網羅。

ズバリ！ 介護福祉士
合格から仕事探しのポイントまで
今村 朋子
四六判 本体価格１５００円

世界的にも稀な高齢化社会となった日本。その社会で必要とされる介護福祉士の仕事とは何か。職場はどこにあるのか。仕事探しのポイントは。豊富なコラムと、職場体験者の証言を交えて構成する。巻末に「国家試験に必ず役立つ福祉用語集」「介護福祉士養成施設リスト」を掲載。